CHRISTENTUM

die Wahrheit und das Leben
13 1-2
20 1-3
151 145
205 1

GIORGIO BOUCHARD

CHRISTENTUM

Übersetzt aus dem Italienischen

von Dorette Deutsch

Scherz

Erste Auflage 1998

Das Christentum ist eines der bedeutendsten religiösen Phänomene in der Geschichte der Menschheit. Die Mehrheit der Menschen in den westlichen Industrienationen und weite Teile der Dritten Welt sind durch den christlichen Glauben und die christliche Lehre geprägt. Dennoch wäre es falsch, daraus triumphale Schlußfolgerungen zu ziehen: Das Christentum ist nicht allein das Ergebnis einer wirkungsmächtigen Idee und charismatischer Persönlichkeiten, sondern es entwickelte sich in einer Folge von Brüchen und dramatischen Auseinandersetzungen.

Schon an seinem Anfang steht der noch immer nicht verheilte Bruch mit seiner Urmutter, dem Volk Israel, der bis heute dadurch erkennbar ist, daß sich beide – wenn auch in unterschiedlicher Weise – auf einen Teil der Heiligen Schrift beziehen. Im Anschluß an diese Loslösung von der jüdischen Tradition entwickelte sich das Christentum im kulturellen Umfeld des Römischen Reiches, was zur Folge hatte, daß die christliche Religion in den Kategorien der griechischen Philosophie Gestalt annahm. Das Resultat dieses Anpassungsprozesses war die Ausarbeitung eines orthodoxen Dogmas, das alle anderen Kirchen und religiösen Bewegungen als heterodox oder häretisch ausschloß. Bald darauf spaltete sich die große Kirche in einen östlichen, «orthodoxen», und in einen westlichen, «katholischen», Teil. Der katholische Teil der großen Kirche hat die Geschicke der westlichen Welt maßgeblich beeinflußt. Unter ihrer Ägide wurden Kathedralen gebaut, philosophische Schulen gegründet und Gedichte wie Dantes «Göttliche Komödie» verfaßt.

Zu Beginn der Neuzeit kam es durch die protestantische Reformation erneut zu einem folgenschweren Bruch. Mit der Entstehung des modernen Staatswesens verloren die Kirchen in den Ländern des frühen Christentums drastisch an Bedeutung, konnten sich aber dennoch behaupten. Trotz aller Fehler und Schrecken, die im Namen der Christenheit begangen wurden, hat diese Religion über die Jahrhunderte hinweg Millionen von Menschen eine geistige Heimat gegeben, die Trost, Hoffnung und Zuversicht vermitteln konnte. Heute bestehen die drei großen christlichen Traditionen – die orthodoxe, die katholische und die protestantische Kirche – noch immer nebeneinander, aber sie kämpfen nicht mehr um die Vorherrschaft, sondern begegnen einander in Demut. Denn die Menschen sind «erwachsen» geworden, und die großen asiatischen Religionen werden als gleichrangig anerkannt. So wird das Christentum von morgen eine Religion des Dialogs sein.

Seite 2: Innenansicht einer Kirche in Lauenen (Berner Oberland, Schweiz).

Linke Seite: Jüngstes Gericht, *Ölgemälde (Mitte des 15. Jh.).* Schule von Nowgorod. *Moskau, Staatliche Tretjakow-Galerie.*

Die Geschichte des Christentums

XC

Von Jerusalem nach Rom

Das Christentum entsteht als junger Trieb aus dem Stamm der jahrtausendealten jüdischen Tradition. Nach einer Zeit relativen Friedens unter persischer Herrschaft (538–332 v. Chr.) hatte sich das israelische Volk siegreich der hellenistischen Kolonisation und der damit verbundenen Bedrohung für seine geistige Integrität widersetzt. Heldenhaft hatten sich die Makkabäer, die führende Familie des Widerstandes (2. Jh. v. Chr.), allen Hellenisierungstendenzen widersetzt und schließlich sogar die politische Unabhängigkeit Judäas erstritten. Erst mit Beginn des Jahres 63 v. Chr. mußte sich das judäische Volk – geschwächt durch innere Zerwürfnisse – den wachsenden Machtansprüchen des römischen Imperiums beugen, das schließlich die Herrschaft über die Juden errang. Die Aussichtslosigkeit ihres bewaffneten Kampfes gegen die römische Besatzung leistete den apokalyptischen Tendenzen, die bereits zur Zeit der Makkabäer aufgekommen waren, erheblichen Vorschub. Ein klassisches, wenn auch nicht das einzige Zeugnis dieser Stimmung ist das Buch Daniel: Es enthält die Weissagung, daß sich der Herr der Sache seines bedrängten Volkes annehmen werde, indem er einen Auserkorenen (einen Messias) senden würde, der die Besatzungsmacht siegreich bekämpfen, das ruhmvolle Königreich Davids und damit die Einheit des israelischen Volkes wieder herstellen würde. In Palästina gab es eine klösterliche Gemeinschaft, die in der Tradition der Essener stand und die sich in eschatologisch-apokalyptischer Erwartung der geistigen Erneuerung widmete. Heute ist sie uns unter dem Namen Qumran bekannt – ein

Seiten 8–9: Christus und die Apostel, *Wandmalerei (4. Jh.). Rom, Domitilla-Katakomben.*

Linke Seite: Thronender Christus, *Mosaik der Kirche der heiligen Sofia in Istanbul. Istanbul, Museum der heiligen Sofia.*

Unten: David auf einer russischen Ikone von 1497. In der 1. Hälfte des 10. Jahrhunderts v. Chr. war David der erste eigentliche König Israels, der von allen zwölf Stämmen anerkannt wurde. Seine Regierungszeit wurde als eine Art Goldenes Zeitalter betrachtet, was auch für das geistige Leben galt. David werden viele der 150 Psalmen zugeschrieben.

Die hellenistische Zivilisation. Zwischen 334 und 323 v. Chr. zerstört Alexander von Makedonien (Alexander der Große) das große Persische Reich und erobert die heutige Türkei, Syrien und Palästina sowie Ägypten, Irak und Iran. Beim Tod Alexanders des Großen wird das Reich unter seinen Generälen (den Diadochen, d.h. Nachfolgern) aufgeteilt, denen jedoch die Liebe für die griechische Kultur gemeinsam ist: Die Zivilisation, die sich auf dem gesamten Gebiet entwickelt, wird daher hellenistisch genannt. Bildung und Raffinement gehen jedoch mit einer wenig strengen Moral und einer polytheistischen Religion einher. Diese beiden Aspekte waren für strenggläubige Juden inakzeptabel.

Die Höhlen von Qumran, in der Nähe des Roten Meeres (Israel): Hier wurden die ältesten Manuskripte der jüdischen Bibel gefunden. Dank dieses revolutionären Fundes erhielt man neue Erkenntnisse über die Anfangszeit der christlichen Ära. Darüber hinaus führten sie zu einem besseren Verständnis der Berichte des Josephus Flavius über die Glaubensgemeinschaft der Essener. Herausgestellt hat sich ebenfalls, daß das Johannes-Evangelium nicht ohne Vorläufer auf palästinensischem Gebiet war.

Name, der sich auf den Ort bezieht, an dem vor fünfzig Jahren die wertvolle Bibliothek dieser Gemeinschaft entdeckt wurde.

Aber auch wenn das jüdische Volk durch innere Zerrissenheit und durch die römische Besatzung in seiner geistigen und moralischen Integrität bedroht war, so erwiesen sich die einzelnen jüdischen Gemeinschaften auf dem Gebiet des römischen Imperiums als außerordentlich vital. Nicht nur in Ägypten, wo es bereits eine wunderbare griechische Übersetzung der Bibel – die sogenannte Septuaginta, «Bibel der Siebzig» – gab. Genau zur Zeit von Jesu Geburt war hier ein großer jüdischer Denker, Philon von Alexandrien, tätig. Jüdische Gemeinschaften gab es in allen größeren und mittleren Städten des Imperiums. Zu diesem Phänomen war es gekommen, weil viele Juden aus Angst vor Verarmung oder den Übergriffen der Besatzungsmacht aus Palästina emigriert waren. (Die Emigration der jüdischen Glaubensgemeinschaften wird mit dem griechischen Namen *diaspora*, «Zerstreuung», bezeichnet.) Seit geraumer Zeit gab es daneben auch eine beachtliche Anzahl von Bekehrungen zum Judentum: Die monotheistische Evolution der griechischen Philosophie, zusammen mit einem starken Interesse für moralische Probleme, erleichterte diesen Übertritt zum Judentum. Strenger Monotheismus und klare Moralvorstellungen wurden zum bestimmenden Kennzeichen für den jüdischen Glauben.

Der Messias. Der Begriff bedeutet im Hebräischen «der Gesalbte» (*maschia*) und leitet sich vom alten jüdischen Brauch her, denjenigen zu salben, der dazu bestimmt ist, König zu werden.

Die Pharisäer. Eine religiöse Gruppe, die streng nach dem jüdischen Gesetz lebte und großen Wert auf das Studium und die Auslegung der Heiligen Schrift legte. Sie können als Vorläufer der modernen Rabbiner angesehen werden. Der Begriff Pharisäer bedeutet wörtlich «die Abgesonderten».

Jesus und Paulus

In dieser komplexen Situation des Judentums tauchen innerhalb von zwei Generationen die beiden Gestalten auf, die, ob sie es selbst wollten oder nicht, bis heute die historische Entwicklung des Christentums bestimmt haben: ein palästinensischer Jude, Josua von Nazareth (der zu Jesus hellenisiert wurde), und ein Jude aus der Diaspora: Saulus von Tarsus (der dann zu dem lateinischen Paulus wurde).

Jesus hat einen großen Teil seines kurzen Lebens in Galiläa verbracht, dem ärmsten Randgebiet Palästinas. Er lebte als armer Freund der Armen, der nichts Schriftliches zurückgelassen hat. Der Eindruck, den Jesus bei seinen Freunden und Jüngern hinterlassen hatte, war jedoch so gewaltig, daß seine Taten und Worte minutiös erzählt und wiedererzählt wurden. Nach einer Generation wurden diese Ereignisse und Worte niedergeschrieben, um für die Nachwelt sicheres Zeugnis abzulegen und deren Bekehrung zu veranlassen. So entstanden die ersten drei Evangelien (Markus, Matthäus und Lukas), die mit dem griechischen Wort «synoptisch» bezeichnet werden, da sie sich so sehr ähneln, daß sie wie ein Buch erscheinen.

Die drei synoptischen Bücher schildern Jesus als eine außerordentlich komplexe Persönlichkeit: Auf der einen Seite erscheint er als Meister und Lehrer, der, über eine große Autorität verfügend, mit wenigen Worten eindrückliche

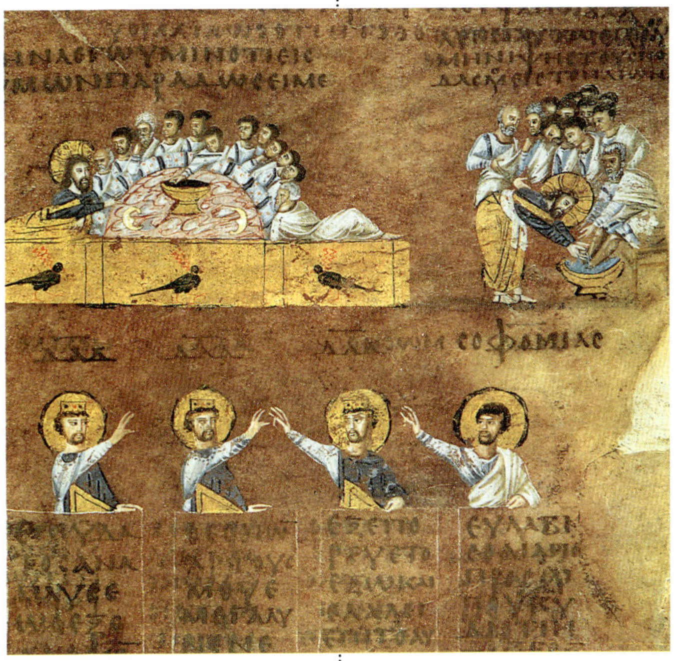

Das letzte Abendmahl, die Fußwaschung und die Evangelisten. *Miniatur aus der* Purpureus-Handschrift *(6. Jh.). Rossano Calabro, Schatz der Kathedrale. Die Apostel sind Simon Petrus, Andreas, Johannes, Jakobus d. Ä., Philippus, Nathanael (oder Bartholomäus), Thomas, Matthäus (oder Levi), Jakobus d. J., Judas Thaddäus, Simon Zelotes, Judas Ischarioth.*

Die zwölf Apostel. Unter seinen zahlreichen Anhängern erwählte Jesus zwölf. Mit diesen zwölf Jüngern – die an die «zwölf Stämme» erinnern, die ursprünglich das Volk Israel bildeten – will Jesus die Israeliten zu neuem Leben führen. Sie sind die Verwalter der Lehren Jesu und die Zeugen seiner Auferstehung. Ihnen wurde versprochen, daß «das, was ihr auf Erden findet, ihr auch im Himmel finden werdet», was auf den maßgeblichen Wert ihrer Zeugenschaft hinweist. Trotzdem wurde Jesus durch einen von ihnen, nämlich Judas Ischarioth, an die römischen Machthaber ausgeliefert. Sein Platz wurde dann von Paulus eingenommen, nachdem diesem der Wiederauferstandene auf dem Weg nach Damaskus begegnet war.

Jesus heilt die Leidende. *Mosaik aus dem 6. Jahrhundert., Ravenna, Sant' Apollinare Nuovo.*

Sätze ausspricht wie zum Beispiel: «Wer sein Leben retten will, wird es verlieren»; «Glücklich sind die Armen, denn euch ist das Reich Gottes»; «Wehe euch Reichen, denn ihr seid bereits getröstet»; «Liebt eure Feinde und betet für die, die euch verfolgen». Gleichzeitig erscheint er als eine durchsetzungsstarke Führungspersönlichkeit, die Forderungen stellt und Befehle erteilt («Wer nicht für mich ist, ist gegen mich»). Jesus überzeugte Fischer und Bauern, ihm zu folgen, er brachte zelotische Krieger und römisch gesinnte Mitläufer dazu, ihr bisheriges Leben aufzugeben, und formte diese Gefolgschaft zu einer Gruppe von populären Laienpredigern (die «zwölf Apostel»). Zweifellos ist Jesus auch ein Wundertäter, ein Mann, der über ungewöhnliche Heilkräfte verfügt, denn er hat Menschen,

die unter schweren psychischen Störungen litten – die sogenannten «Besessenen» –, von ihrem Leiden befreit und auch schwere Krankheiten wie die Lepra geheilt.

Die faszinierende Vielfältigkeit seiner charismatischen Persönlichkeit ruft zwei entgegengesetzte Reaktionen hervor: Die Gruppe der Jünger und ein Teil der Bevölkerung sind allmählich davon überzeugt, daß dieser außergewöhnliche Jesus tatsächlich der seit langem erwartete Erlöser, der Messias, ist. Bald wird er in der Geschichte Israels und der Welt eine entscheidende Wende herbeiführen: die Ankunft des Reichs Gottes. Auf der anderen Seite stehen die Vertreter der römischen Macht. Sie reagieren beunruhigt

Jesus vor Pilatus.
«Pilatus [...] rief Jesus und sagte zu ihm: Du bist der König der Juden? Jesus antwortete: Sagst du das aus dir selbst, oder haben es andere von mir gesagt? Pilatus erwiderte: Bin ich denn ein Jude? Dein Volk und Hohepriester haben dich mir überliefert; was hast du getan? Jesus antwortete: Mein Königtum ist nicht von dieser Welt. Wäre mein Königtum von dieser Welt, hätten meine Leute gekämpft, daß ich den Juden nicht ausgeliefert würde. Nun aber ist mein Königtum nicht von hier. Da sagte Pilatus zu ihm: Du bist also doch ein König? Jesus antwortete: Du sagst es, ich bin ein König. Ich bin dazu geboren und dazu in die Welt gekommen, daß ich Zeugnis gebe für die Wahrheit. Jeder, der aus der Wahrheit ist, hört auf meine Stimme. Pilatus sagte

auf die Wirkung, die Jesus hervorruft, und um einem möglichen Volksaufstand zuvorzukommen, beschließen sie seine Liquidierung. Die Hinrichtung von Jesus haben nicht die Juden zu verantworten, sondern sie wurde von den römischen Behörden (in der Gestalt von Pilatus) veranlaßt.

Bei der Lektüre der vier Evangelien fällt auf, daß die Passionswoche ein Viertel der gesamten Erzählung einnimmt. Dies erscheint auf den ersten Blick naheliegend, wenn man sich vorstellt, welche Krise die Kreuzigung Jesu bei seinen Jüngern ausgelöst haben muß: Der Mann des wahren Wortes, der Mann der Wunder, der Mensch, den sie für den Messias gehalten hatten, war auf barbarische Weise ausgerechnet von jener römischen Macht getötet worden, die er ihrer Meinung nach hätte besiegen sollen. Aber es gibt noch einen weiteren, überaus bedeutsamen Gesichtspunkt. Denn am «dritten Tag» nach dem Begräbnis Jesu findet ein außergewöhnliches Ereignis statt: Zuerst erlebt es eine Frau, Magdalena genannt, danach machen auch die Apostel die Erfahrung, daß Jesus, der Gekreuzigte, mit ihnen spricht, sie ermutigt und ihnen Anweisungen für die Zukunft gibt. Diese geheimnisvollen Begegnungen dauern wenige Wochen, bis ein weiteres ungewöhnliches Ereignis auf sie folgt: Etwa hundert Gläubige vernehmen die Gegenwart des Heiligen Geistes, sehen Feuerzungen, die vom Himmel herabsteigen,

Jesus vor Pilatus. *Mosaik aus dem 6. Jahrhundert. Ravenna, Sant' Apollinare Nuovo.*

zu ihm: Was ist Wahrheit? [...] Pilatus ging wieder hinaus und sprach zu ihnen [den Juden]: Seht, ich führe ihn heraus zu euch, damit ihr erkennt, daß ich keine Schuld an ihm finde. [...] Als aber die Hohenpriester und ihre Leute ihn sahen, schrien sie: Ans Kreuz, ans Kreuz! [...] Als nun Pilatus dieses Wort vernahm, fürchtete er sich noch mehr, ging wieder in das Prätorium hinein und sagte zu Jesus: Woher bist du? Jesus gab ihm keine Antwort. Da sagte Pilatus zu ihm: Zu mir redest du nicht? Weißt du nicht, daß ich Macht habe, dich freizulassen, und Macht, dich zu kreuzigen? Jesus antwortete: Du hättest nicht Macht über mich, wäre es dir nicht gegeben von oben [...]» (Johannes 18,33-19,11).

Unten: Der Gang zum Kalvarienberg. *Ausschnitt eines Mosaiks aus dem 6. Jahrhundert. Ravenna, Sant' Apollinare Nuovo.*

Der heilige Paulus versteckt sich in einem Korb an der Mauer von Damaskus, um den Juden zu entgehen. Mosaik Ende des 12. Jh. Monreale, Dom.

Unten: Der Brief des heiligen Paulus an die Kolosser. Aus der Bible Historiale *(Anfang des 15. Jh.). Paris, Bibliothèque Nationale.*

sprechen in fremden Sprachen. All dies geschieht an Pfingsten. An diesem Tag wird die winzige christliche Gemeinschaft zu einer Massenbewegung. Tausende erkennen in Jesus den Messias und verbreiten seine Lehre auch außerhalb des palästinensischen Territoriums. Juden und Heiden bekehren sich in Syrien, dann – nach und nach – in allen größeren Städten des östlichen Mittelmeerraumes.

Unter den zum Christentum Bekehrten taucht eine ungewöhnliche Persönlichkeit auf: Saulus von Tarsus (Paulus). Auf seinem Weg nach Damaskus erscheint ihm der wiederauferstandene Christus. Paulus folgt seinem Ruf und wird dank seiner genialen Begabung zu einem großen Apostel. Mit ihm gelingt es der christlichen Gemeinschaft endgültig, die Grenzen der syrisch-palästinensischen Gesellschaft zu durchbrechen und in die griechisch-römische Welt einzudringen: Paulus predigt in Ephesos, Athen, Korinth, Rom. Er spricht und schreibt auf griechisch, überarbeitet die Botschaft grundlegend, die er von der apostolischen Tradition erhalten und die er bei dem Ereignis in Damaskus intuitiv erkannt hat. Der Tod Jesu ist demnach nicht nur ein Martyrium wie das der Makkabäer, sondern höchster Akt der Liebe, in dem Gott selbst auf geheimnisvolle Weise gegenwärtig ist. Das Reich Gottes, das als siegreiche nationale Wiedergeburt erwartet wurde, kam in Wirklichkeit als Wiedergeburt, ohne Gegenleistung und als universelle Versöhnung. Der leidende Diener Gottes, von dem der Prophet Jesaja im Kapitel 53 spricht, ist nicht, wie es die Tradition wollte, das von den Heiden zum Martyrium verurteilte Volk der Juden, sondern es ist Jesus, der Messias (griech.: *Jesous Christos*), dem jedoch nach seinem Tod dank der Macht Gottes (oder des «Heiligen Geistes») die Unsterblichkeit zuteil wird. Es ist dieser

Der Tod des Paulus. Laut der Chronologie, die auf der Grundlage von heiligen und profanen Schriften erstellt wurde, dauerte die Gefangenschaft des Paulus etwa fünf Jahre. Nach seiner Haftentlassung und Flucht aus Ephesos machte er sich über Philippi und Thessaloniki, wo er bereits christliche Gemeinden gegründet hatte, auf den Weg nach Korinth. Von dort aus reiste er nach Spanien, um die christliche Botschaft zu verkünden, bevor er nach Jerusalem zurückkehrte, wo er von den Römern erneut gefangengenommen und in die Hauptstadt überführt wurde. Dort soll er unter Nero, dem Kaiser, der 64 n. Chr. die Christenverfolgung anordnete, als Märtyrer gestorben sein.

Geist, der die christliche Gemeinschaft zur Eroberung der Welt führt, nicht nur mittels einer effizienten missionarischen Aktivität, sondern vor allem durch ein vorbildliches Gemeinschaftsleben, das sich auf Liebe gründet. Hier verbindet sich das theologische Gebäude des Paulus mit der Botschaft der Evangelien. In der täglichen Praxis der Liebe wird die Kommunion mit dem wiederauferstandenen Christus verwirklicht.

Dieses umfassende und komplexe Gedankengebäude wird von dem zweiten großen Genie des frühen Christentums vervollständigt: dem Autor des Johannes-Evangeliums, dessen Werk unmittelbar nach Paulus entstand. Johannes überarbeitet sowohl die Gedanken Philons, des großen Philosophen Alexandriens, als auch die Eingebungen der Gemeinschaft von Qumran. Den historischen Christus interpretiert er als die geheimnisvolle Verwirklichung des *logos* (des schöpferischen und göttlichen Wortes), der direkt aus Gott hervorgeht und gleichzeitig mit ihm besteht. Sein Jesus ist somit demütig und majestätisch. Die Wiederauferstehung ist das Zeichen seiner universellen Souveränität.

Mit diesem großartigen gedanklichen Rüstzeug im Hintergrund konnte sich das frühe Christentum nun daran machen, die griechisch-römische Welt zu erobern, die bereits ihre gesicherte kulturelle Identität verloren hatte und in ihren moralischen Prinzipien wankte.

Begegnung zwischen Petrus und Paulus. *Mosaik, entstanden gegen Ende des 12. Jahrhunderts. Monreale, Dom.*

Die Briefe des Apostels Paulus. Paulus hat auf seinen Missionsreisen nicht nur christliche Gemeinschaften begründet, sondern sich auch aus der Distanz intensiv um diese Gemeinden gekümmert. Er sandte ihnen seine berühmt gewordenen Briefe («Episteln»). Der Brief an die Römer ist der einzige, der abgesandt wurde, bevor Paulus die Stadt, in der es bereits eine christliche Gemeinschaft gab, zum ersten Mal betrat. Ihm kommt besondere Bedeutung zu: Paulus formuliert hier auf umfassendste Weise seine Lehre von der Gnade Gottes, der aus Liebe zu den Menschen seinen eigenen Sohn opferte. Darüber hinaus spricht er mit großer Warmherzigkeit über das Volk Israel, denn die Juden bleiben, auch wenn sie nicht an Christus glauben, in Erwartung der Versöhnung das Volk Gottes.

Die Berufung des Petrus, *Mosaik aus dem 6. Jahrhundert. Ravenna, Sant' Apollinare Nuovo. «Als er am Ufer des Sees von Galiläa entlangging, sah er Simon und Andreas, den Bruder Simons, wie sie Netze auswarfen im See; sie waren nämlich Fischer. Und Jesus sprach zu ihnen: Kommt, folgt mir nach, und ich werde euch zu Menschenfischern machen!» (Markus, 1,16-18).*

Eine brüderliche und solidarische Gemeinschaft

Als Gemeinschaft besaß das Christentum nicht nur ein wohldurchdachtes System von inneren Gewißheiten, sondern auch eine tiefgründige Spiritualität: Lieder, Gebete, Lektüre der jüdischen und später christlichen Schriften, die Feier des Heiligen Abendmahls – die Eucharistie – und eine außergewöhnliche Bereitschaft zur praktischen Aktion. Die Gemeinschaften unterstützten Arme, Waisen und Witwen, sammelten Gelder, um Sklaven freizukaufen, die sich zu Tausenden bekehrten. Die Verbreitung des Christentums geschah jahrhundertelang eher friedfertig und ohne die Behörden zu alarmieren, da es vor allem die unteren Bevölkerungsschichten waren, die sich dieser Religion zuwandten. Zwei Phänomene sind darüber hinaus bemerkenswert: erstens, wie rasch sich eine christliche Kultur hohen Niveaus heranbildete, mit Schriftstellern, die ihre Texte vorwiegend in griechischer (Justin, Irenäus), aber auch in lateinischer Sprache (Tertullian) verfaßten. Viele von ihnen wurden Apologeten genannt, weil sie durch ihre Schriften den christlichen Glauben gegenüber der jüdischen Tradition und der griechischen Kultur verteidigten. Das zweite Phänomen betrifft die sich allmählich verändernde Organisation der Kirche, die zunächst als Bewegung entstanden war und aus einer Myriade von autonomen Gemeinschaften bestand, denen jeweils ein Gemeindeältester, der «Presbyter», vorstand. Nun nahm sie allmählich hierarchische Formen an. Einer

Apologeten des Heidentums. Natürlich wurden auch von den Gegnern des Christentums Streitschriften und Pamphlete verfaßt. Ihre Verfasser wurden von den Christen als Apologeten des Heidentums geschmäht. Zu ihnen gehörten neben vielen anderen: Epiktet, Gallienus, Helius Aristides, Celsus, Philostratos, Porphyrius, Jerocle. Von ihren Werken sind häufig nur Fragmente erhalten geblieben (nämlich die Teile, die von den christlichen Autoren in den schriftlichen Debatten zitiert wurden), da Kaiser Theodosius II. mit einem Edikt von 448 befohlen hatte, alle Bücher zu verbrennen, die sich gegen die neue Religion des Imperiums stellten.

Die Evangelisten. *Miniatur aus den Evangelien, Handschrift aus einer syrischen Schule des 6. Jahrhunderts. Rossano Calabro, Museo Diocesano.*

der Ältesten übernahm nun den Vorsitz und die durchaus notwendigen Aufgaben der Überwachung; er wurde *episkopos*, Bischof, genannt. Die Bischöfe der größeren Gemeinschaften gewannen allmählich ein Prestige, das dem der Stadt entsprach, in der sie amtierten (Antiochia, Alexandrien und vor allem Rom).

Die erste große Herausforderung, der die so strukturierte Kirche begegnen mußte, war weniger eine feindlich gesinnte Außenwelt (obwohl die Feindseligkeiten nach und nach zunahmen), sondern vielmehr die Entstehung von sektiererischen christlichen Strömungen. Vielerorts breitete sich ein prophetisches Christentum aus, das von großer religiöser Begeisterung (mit weiblichen Predigerinnen) geprägt war. Der Name einer dieser Bewegungen, Montanismus, leitete sich von ihrem Anführer Montanus ab. Gleichzeitig entstand eine große Welle von undifferenziertem Spiritualismus, der die christliche Botschaft mit östlicher Weltsicht vermischte. Anstelle der reinen Botschaft der jüdischen und christlichen Schriften entwickelte sich eine blühende philosophisch-religiöse Spekulation. Dazu gesellte sich noch eine reiche apokryphe (verborgene) Literatur, das heißt neue Evangelien und falsche apostolische Dokumente. Diese waren zwar voller Schönheit und Phantasie, aber zutiefst verschieden von der eigens niedergeschriebenen apostolischen Literatur. Der Häretiker und Begründer der markionitischen

Der Montanismus. Christliche Erweckungsbewegung, die in Kleinasien (der heutigen Türkei) Mitte des 2. Jahrhunderts um die Gestalten von Montanus, Priscia und Maximilla entstanden ist. Sie war von einem asketischen Geist durchdrungen und glaubte an die Macht von Prophezeiungen. Später bekannte sich auch der berühmte afrikanische Apologet Tertullian (etwa 155–220) zu dieser Lehre.

Die Gnosis. Die Gnosis ist eine religiös-philosophische Anschauung, die versucht, die Welt des Übersinnlichen durch philosophische Spekulation zu erschließen. Die christlichen Gnostiker wollten durch ihre Erkenntnisse den Glauben untermauern.

Die Opferung des Isaak. *Wandmalerei (2. Jh.). Rom, Gruft der Via Latina. Die Opferung des Isaak ist nach Auffassung christlicher Theologie eine Vorwegnahme des Opfers Christi. Diese Deutung wurde dadurch begünstigt, daß ein Schaf anstelle des Isaak getötet wurde. Ebenso bot sich Christus als «Opferlamm» an, um die Sünden der Menschheit zu sühnen.*

Kirche, Markion, der um die reine apostolische Lehre besorgt war, reagierte auf diese Tendenzen, indem er die jüdischen Schriften, die er für das Werk eines geringeren Gottes hielt, gänzlich ablehnte und eine radikale, parteiische Auswahl innerhalb des Neuen Testaments vornahm.

Die großkirchlichen Gemeinden reagierten auf die Bedrohungen aus unterschiedlichsten Richtungen mit der Aufstellung eines eigenen Kanons. Zunächst wurde eine Liste der Bücher aufgestellt, die es wert waren, in die christliche Bibel aufgenommen zu werden. Da die hebräischen Schriften als Zeugnis des ursprünglichen Bundes zwischen Gott und seinem Volk galten (und deshalb mit ungenauer lateinischer Übersetzung «Altes Testament» genannt wurden), ergänzte man diese nun durch die vier Evangelien, die «Briefe» des Apostels Paulus und verschiedene andere Schriften. Sie stellten das normative Zeugnis des Neuen Bundes dar, der durch den Tod und die Wiederauferstehung Christi geschlossen worden war, und wurden deshalb «Neues Testament» genannt.

Das Kriterium, nach dem diese Bücher von den apokryphen Schriften unterschieden wurden, bestand darin, daß sie direkt oder indirekt auf die Autorität eines Apostels zurückgingen. Zu diesem Zweck war es ohne Bedeutung, ob die Apostel den historischen Jesus tatsächlich gekannt hatten (wie Petrus, Johannes) oder ob sie, wie Paulus, lediglich dem Wiederauferstandenen begegnet waren. Natürlich wurden die hebräischen Schriften von den Theologen der Kirche auf ausdrücklich christliche Weise interpretiert, und so entstand mit der Festlegung des biblischen Kanons eine überaus solide, beständige und grundlegende Doktrin.

Der Kanon. Die Gesamtheit der heiligen Bücher wird als «Kanon» bezeichnet. Der Kanon der jüdischen Schriften wurde von der Synode von Jamnia (91) festgesetzt. Die Kirche hat diesem eine Reihe von Schriften mit geschichtlichem (die Makkabäer) oder erbaulichem Wert (Die Lehrbücher) hinzugefügt. Dies wurde von der protestantischen Reformation kritisiert. Der Kanon des Neuen Testaments blieb dagegen bei allen christlichen Kirchen unangefochten.

Die Verfolgungen. Die erste christliche Generation hatte von Seiten der römischen Machthaber, die die Christen kaum von den Juden unterscheiden konnten, nichts zu befürchten. Ein erster gewaltsamer Ausbruch ereignete sich unter Kaiser Nero (64), der die

Aber es gab noch eine andere Möglichkeit, um die Kirche mit der ältesten christlichen Tradition zu verbinden, nämlich eine Aufwertung des Bischofsamtes. Die Bischöfe galten fortan als Nachfolger der Apostel, und ihnen wurde die Aufgabe übertragen, die Ernsthaftigkeit und Wahrheit der christlichen Lehre zu überwachen. So entstand die Doktrin der «apostolischen Nachfolge», die den Bischof einer Kirche zum alleinigen Garanten für die Kontinuität von Predigt und Lehre machte. Dank seiner Autorität konnte er sich gegen gnostische Abweichungen, montanistische Begeisterung oder markionitische Exzesse erfolgreich zur Wehr setzen.

Der Preis für diese Konsolidierung war zweifellos die Unterordnung der Laien, vor allem der Frauen, sowie die allmähliche Entwicklung von hierarchischen Strukturen. Was die Kirche jedoch an Elastizität verlor, gewann sie an Festigkeit, wie sich im Augenblick der großen Verfolgungen herausstellte. Nach zwei Jahrhunderten des Wachstums stellte die christliche Kirche die mächtigste Organisation im römischen Imperium dar. In den östlichen Provinzen bekehrte sich die Mehrheit der Bevölkerung dazu. Aber diese bedeutende Bewegung bedrohte an verschiedenen neuralgischen Punkten auch die Sicherheit des Imperiums. Viele Christen traten für Gewaltlosigkeit ein und verweigerten den Militärdienst; alle lehnten die kultische Verehrung des Kaisers ab, die das eigentliche Fundament der römischen Staatsideologie bildete. Mit ihrem Glauben an «Jesus den Herrn» (*Kyrios Christos*) war es unvereinbar, auch nur symbolisch der göttlichen Verkörperung in der Gestalt des Kaisers zu huldigen (*Kyrios Kaisar*).

Für die Machthaber des römischen Imperiums konnte es auf Dauer nur zwei Auswege geben:

Der gute Hirte. *Wandmalerei (2. Jh.). Rom, Priscilla-Katakomben. «Wer von euch, der hundert Schafe hat und eines davon verliert, läßt nicht die neunundneunzig in der Wüste und geht dem verlorenen nach, bis er es findet? Und hat er es gefunden, legt er es voll Freude auf seine Schultern [...]» (Lukas 15, 4-5).*

Christen beschuldigte, Rom in Brand gesetzt zu haben. Eine zweite Welle der Repression ereignete sich zur Zeit Domitians (um das Jahr 90). In dieser Zeit versammelten sich die Christen in großen unterirdischen Friedhöfen, den sogenannten Katakomben, die ein bemerkenswertes historisches und künstlerisches Zeugnis der Zeit des Widerstands sind. Fast alle großen Theologen der ersten Jahrhunderte starben als Märtyrer, was sich vom griechischen Wort für «Zeugen» ableitet. Da diese Gläubigen mit außerordentlichem Mut in den Tod gingen, führte ihr Martyrium zu zahlreichen Neubekehrungen, so daß Tertullian schrieb: «Das Blut der Märtyrer ist der Samen der Kirche.»

Die Katakomben des heiligen Kallistus in Rom. Grabnischen und Bilder des Christus Pancreator (7.–8. Jh.).

Entweder mußten sie die christlichen Gemeinschaften gewaltsam unterdrücken oder sie in das Machtgefüge einbinden. Zunächst versuchte man es mit der erstgenannten Lösungsmöglichkeit: Im 3. Jahrhundert ordneten zuerst die Kaiser Decius und Valerian, später auch Diokletian, eine radikale Christenverfolgung an, die sich trotz großer Grausamkeit als erfolglos erwies: Im Gegenteil, eine große Anzahl von Christen waren bereit, das Martyrium klaglos auf sich zu nehmen, und lösten durch ihr mutiges Beispiel Tausende von neuen Bekehrungen aus. Zudem erlebte die verfolgte Kirche eine außerordentliche intellektuelle Vitalität. Vor allem im Orient gab es große christliche Denker, von denen viele das Martyrium erlitten: Basilius von Caesarea, Gregorius von Nazianz und vor allem der geniale Origenes, der es mit einer für die Zeit ungewöhnlichen Kühnheit verstand, eine systematische Darstellung des christlichen Gedankengutes mit der hellenistischen Sprache und Begrifflichkeit zu verbinden. Aber auch der Westen konnte außerordentliche Denker wie zum Beispiel den Bischof Cyprian vorweisen.

Während sich die Kirche trotz der grausamen Repression behaupten konnte, war das Imperium durch die häufigen Angriffe der Barbaren geschwächt und vom Verlust der inneren Stabilität bedroht. Ein durchsetzungsfähiger General namens Konstantin, der Sohn einer Christin, selbst jedoch ein Anhänger des Sonnengottes, erkannte die

Die «Gefallenen». Als die Verfolgungen besonders heftig wurden, fielen viele Gläubige vom Christentum ab: Diese «gefallenen» Christen wollten von der Kirche später wiederaufgenommen werden. Die Bischöfe akzeptierten dies nach der erforderlichen Buße, Gruppen strenger Christen sahen darin jedoch ein alarmierendes Signal von übertriebener Toleranz.

Manichäismus. Häretische Bewegung, deren Name sich vom persischen Wort *mani* ableitet. Sie vermischt das Christentum mit einer dualistischen Vision des Universums und zeigt deutlich gnostische Tendenzen.

Gefahr, die in einer solchen Situation von den Christenverfolgungen ausging. Noch bevor er die Macht übernahm, hatte er sich mit den christlichen Bischöfen verbündet. 313 n. Chr. erließ er das berühmte Toleranz-Edikt und machte fortan die Anliegen der Kirche zu den seinigen. Er unterstützte sie systematisch darin, Juden und Heiden auszugrenzen. Im Verlauf weniger Jahrzehnte war das Imperium christianisiert. Im Jahr 380 erklärte Kaiser Theodosius der Große das Christentum zur Staatsreligion: Durch die «konstantinische Wende» war ein Prozeß in Gang gesetzt worden, in dessen Verlauf sich die Kirche immer enger mit der politischen Macht verband.

Konstantin übergibt Papst Silvester die Tiara vor den Toren Roms. *Fresko (13. Jh.). Rom, Kirche Quattro Santi Coronati, Kapelle des heiligen Silvester.*

Das 4. Jahrhundert wird von zwei verschiedenen, sich jedoch gegenseitig ergänzenden Phänomenen bestimmt: durch das christliche Dogma und durch die Entwicklung des Mönchtums.

Unten: Theodosius der Große mit seinen Söhnen Arkadius und Honorius und den Würdenträgern des Hofes. Relief am Obelisk des Theodosius in Istanbul.

Das Christentum als Staatsreligion. Theodosius der Große (379–395) schuf mit einer Reihe von Edikten die fast völlige Vorherrschaft der Kirche in ihrer «orthodoxen» (d.h. durch die Dogmen festgelegten) oder «katholischen» (d.h. universellen) Form. Ihr standen die Bischöfe vor, die durch die Lehre von der apostolischen Nachfolge legitimiert waren. Häresien wurden für unrechtmäßig erklärt und konsequent unterdrückt. Die Juden wurden isoliert, heidnische Kulte wurden verboten. Diese repressiven Maßnahmen wurden von den Massen weitgehend mitgetragen, Synagogen und häretische Kirchen wurden angezündet. Berühmt ist der Fall des neoplatonischen Philosophen Ipazia, der 415 in Alexandrien von der Menge gelyncht wurde.

Das christliche Imperium und das Mittelalter

Da es innerhalb der christlichen Kirche immer wieder zu Disputen über verschiedene theologische Auffassungen und verbindliche Interpretationen kam, riefen die Imperatoren seit Konstantin Konzile ein, das heißt Versammlungen der Bischöfe, die das Ziel hatten, grundlegende Meinungsverschiedenheiten zu beseitigen. Auf dem ersten ökumenischen Konzil (Nicäa, 325 n. Chr.) wurde beschlossen, daß Jesus nicht anders als sein Vater ein göttliches Wesen sei. Damit widersprach man dem Mönch Arius, der die Auffassung vertreten hatte, daß der Sohn zwar ein durch göttlichen Willen erschaffenes Wesen war, das sich aber gerade deshalb seiner Natur nach von Gott unterschied. Der Beschluß des Konzils von Nicäa wurde durch das Konzil von Konstantinopel (381 n. Chr.) bestätigt und erweitert, da man sich nun auf die Doktrin von der Trinität (Vater, Sohn und Heiliger Geist) festlegte. Diese Doktrin wurde im Credo zusammengefaßt (das heißt dem Glaubensbekenntnis von Nicäa und Konstantinopel), das noch immer vom Großteil der christlichen Kirchen angenommen wird. Der Disput verlagerte sich nun auf das Mysterium vom göttlichen Ursprung Christi: Wie konnten in ihm die beiden Naturen, die göttliche und die menschliche, nebeneinander bestehen, ohne sich weder zu verbinden noch zu trennen? Auch dieses Problem wurde in zwei Konzilen gelöst: Auf dem ersten (Ephesos, 431) wurde Maria als *theotokos*, das heißt als Gottesgebärerin, definiert. Damit war gemeint, daß Jesus von seiner mysteriösen Empfängnis an bereits Gott war. Diese Entscheidung des Konzils fand

Linke Seite: Das IV. Konzil von Konstantinopel. *Fresko von Cesare Nebbia (1534–1614). Città del Vaticano, Bibliothek.*

Die Mutter Gottes *(1658). Ikone von Simon Uschakow. Moskau, Kirche des Gregorius von Neocaesarea.*

Die Arianer. Die Doktrin des Priesters Arius von Alexandrien, die die göttliche Präexistenz Christi negierte, wurde von Bischöfen wie Ulfila wiederaufgenommen, der das Christentum bei den Goten Nordeuropas und den Vandalen Afrikas einführte.

Das Glaubensbekenntnis. «Ich glaube an Gott, den Vater, den Allmächtigen, den Schöpfer des Himmels und der Erde, und an Jesus Christus, seinen eingeborenen Sohn, unsern Herrn, empfangen durch den Heiligen Geist, geboren von der Jungfrau Maria, gelitten unter Pontius Pilatus, gekreuzigt, gestorben und begraben. Hinabgestiegen in das Reich der Toten, am dritten Tage auferstanden von den Toten, aufgefahren in den Himmel, er sitzt zur Rechten Gottes, des allmächtigen Vaters. [...]»

bei der christlichen Bevölkerung größte Zustimmung, da sich inzwischen eine große Verehrung für die Jungfrau Maria entwickelt hatte. Das Konzil von Chalkedon (451) erklärte dann, daß in Christus die beiden Wesen, das menschliche und das göttliche, bestehen, die sich weder vermischen noch spalten. Die theologischen Konflikte, die durch die Einberufung der Konzile gelöst werden sollten, ergaben sich nicht selten aus dem Problem, die christliche Botschaft in die Sprache der griechischen Philosophie zu übersetzen. Man bemühte sich, eine Formel zu finden, die sowohl dem Inhalt der Heiligen Schrift (vor allem dem Neuen Testament) als auch der großen Tradition des griechischen Denkens (vor allem in der platonischen Version) gerecht werden konnte.

Die Entscheidungen der Konzile wurden seit der Regierungszeit Konstantins durch kaiserliche Dekrete (griech.: Dogmen) als verbindlich verkündet, wodurch nicht nur die Einheit der Kirche, sondern auch die des Römischen Reiches gefährdet wurde. Die Theologen nämlich, die entgegen dem Dogma von Chalkedon behaupteten, daß Christus menschlicher Natur sei und mit der göttlichen verschmelze, «wie das Feuer Kohle verbrennt», hatten zahlreiche Anhänger in der großen Provinz Ägypten, die sich dem kaiserlichen Imperialismus widersetzte. Die Verteidigung der «einen Natur» («Monophysitismus») Christi nahm daher den Charakter eines wahren Volksaufstandes an, der zur Entstehung einer großen «nationalen» – der sogenannten koptischen – Kirche führte, die sich auf den griechischen Namen Ägyptens (*Aigyptos*) bezieht. Im Lauf der Zeit nahmen auch die Christen in Äthiopien, in Armenien und in Südindien die monophysitische Doktrin an, die hier auch heute noch verkündet wird.

Die Dreifaltigkeit. Ausschnitt einer *Ikone der Schule von Nowgorod. (Ende des 14. Jh.). Moskau, Staatliche Tretjakow-Galerie.*

Unten: Ein Mönch aus dem Kloster von S. Maria Copta am Tana-See (Äthiopien) zeigt alte religiöse Manuskripte.

Der Monophysitismus. Denkrichtung, derzufolge es in Jesus Christus nicht zwei Naturen (eine göttliche und eine menschliche) gegeben habe. Damit trat sie in Opposition zur Zweinaturenlehre, die das Konzil von Chalkedon festgelegt hatte.

Die Kopten. Vom griechischen Namen Ägyptens, *Aigyptos*, abgeleitet wurden die ägyptischen Christen als Kopten bezeichnet. Seit dem Konzil von Chalkedon (451) organisierten sie sich in einer autonomen Kirche und stellen noch heute eine beachtliche Minderheit innerhalb der ägyptischen Bevölkerung dar. Theologisch bekennen sie sich zur monophysitischen Position. Oberhaupt ist ein eigener «Papst», dessen moralische Autorität auch von den Gläubigen der äthiopischen Kirche anerkannt wird.

Auf der extremen Gegenseite gab es die Anhänger des Bischofs Nestorius, der die Meinung vertrat, daß Maria nicht als «Gottesgebärerin», sondern allenfalls als «Christusgebärerin» (*christotokos*) bezeichnet werden dürfe. Denn nach Ansicht seiner Schule wohnte das Göttliche Wort wie in einem Tempel im Menschen Jesu, war aber nicht einfach mit seiner Gestalt gleichzusetzen. Auch die *Nestorianer* schufen eine autonome Kirche, die mehrere Jahrhunderte lang, von Persien bis nach China, Massen von Gläubigen eroberte und die heute noch in weniger bedeutender Form existiert.

Diese Schismen sind sicherlich nicht nur das Ergebnis einer unüberwindlichen Meinungsverschiedenheit, sondern sie lassen sich durchaus auch als Reaktionen auf die extreme Identifikation der Kirche mit dem Römischen Reich verstehen. Dieses Imperium hatte in der Zwischenzeit tiefgreifende Verwandlungen erfahren. Konstantin hatte die Hauptstadt von Rom nach Byzanz verlagert, das er Konstantinopel (das heutige türkische Istanbul) nannte. Fatalerweise erhielt der Bischof von Konstantinopel daher eine Würde, die mit der des Bischofs von Rom vergleichbar war. Das Konzil von Konstantinopel (381) setzte daher fest, daß der Bischof von Konstantinopel das «Ehrenprimat» vor dem Bischof von Rom hat, weil es das neue Rom ist, und das Konzil von Chalkedon legte fest, daß «die als Sitz des Kaisers und des Senats geehrte Stadt dieselben Privilegien wie das antike

Der heilige Hieronymus. *Ausschnitt aus der Altartafel der Kirchenväter in der Kirche des Michael Pacher (ca. 1434–1498). München, Alte Pinakothek.*

Die Kirchenväter. Gemeint sind damit die Gelehrten, die in den ersten Jahrhunderten dazu beitrugen, die christliche Theologie auszuarbeiten und zu formulieren. Ihre Schriften werden als patristisch bezeichnet. Man unterscheidet die lateinischen Kirchenväter (Tertullian, Cyprian, Lattanzius, Ambrosius, Augustinus und Hieronymus) und die griechischen Väter (Clemens von Alexandrien, Origenes, Athanasius, Gregorius von Nazianz, Basilius von Caesarea, Kyrill von Alexandrien). Der französische Theologe Paul Migne (1800–1875) verfaßte ein wichtiges Werk über die Kirchenväter, das aus den 225 Bänden der lateinischen Patrologie (bis 1216) und aus den 106 Bänden der griechischen Patrologie (bis 1439) besteht.

Ein Mönch in der Küche des Klosters vom Berg Athos (Griechenland). Der Berg Athos, auf dem Tausende von Mönchen leben, ist einer der geistigen Mittelpunkte der orthodoxen Kirche.

Rom genießen muß». Schon in dieser Formulierung offenbart sich das Spannungsverhältnis, das früher oder später zu der Spaltung in eine westliche (lateinische oder römisch-katholische) Kirche und in eine östliche (griechisch-orthodoxe) Kirche führen mußte.

Die Ausbreitung des Christentums innerhalb des römischen Herrschaftsbereiches hatte jedoch nicht nur kulturelle Auswirkungen, sondern auch moralische und soziale Konsequenzen, die nicht immer nur positiv waren. Um zur Religion der Mehrheit zu werden, hatte das Christentum seine ehemals strenge Moral eingebüßt. Das Volk wurde nun stärker auf der Grundlage der Zehn Gebote christianisiert als auf der Grundlage der verpflichtenden Worte Jesu, wie er sie in der berühmten «Bergpredigt» geäußert hatte. Die Suche nach geistiger Vollkommenheit und das Bedürfnis nach einer moralischen Lebensführung brachten ein Phänomen hervor, das sich zwar außerhalb der Kirche, aber nicht in Opposition zu ihr entwickelte: das Mönchtum. Dieses war bereits seit tausend Jahren in Indien weit verbreitet, im Westen jedoch noch nicht bekannt.

Zunächst gab es das mönchische Leben in seiner individuellen Ausprägung. Junge Christen, die sich vom «Christentum der Massen» und seiner Verstrickung in weltliche Dinge abwenden wollten, verließen ihr gewohntes Umfeld und zogen sich in die Einsamkeit der ägyptischen Wüste zurück. Dort widmeten sie ihr Leben der Meditation und dem Gebet. Man nannte sie Mönche (eine Bezeichnung, die sich vom griechischen Wort *monos*, «allein», ableitet) oder Eremiten (von griech. *eremos*, «Wüste»). Schon sehr bald jedoch entstanden monastische Gemeinschaften, die auch Klöster (griech.: *koinos bios*, «gemeinschaftliches Leben») genannt wurden. Mehrere Dutzend Gläubige ließen sich nun auf der Suche nach

Die Askese. Die geistige Praxis der Mönche wird als Askese (griech.: *askesis*, «Übung») bezeichnet, weil sie dem einzelnen ein hohes Maß an körperlicher Disziplin und Entsagung auferlegt: wenig Nahrung, wenig Schlaf und sexuelle Enthaltsamkeit.

Mönche der Ostkirche. Im Unterschied zu der Praxis in Westeuropa gilt das Modell des monastischen Lebens nicht für die Priester der Ostkirche, die in den Gemeinden mit der Betreuung der Seelen beauftragt sind. Heirat vor der priesterlichen Berufung ist zulässig und sehr verbreitet. Trotzdem haben auch die Mönche der Ostkirche das geistige, kulturelle und künstlerische Leben der slawischen Völker stark beeinflußt.

christlicher Vollkommenheit an einem Ort nieder, um ihr praktisches und religiöses Leben gemeinsam zu organisieren. Die Klöster verbreiteten sich schnell, zuerst in der koptischen und orthodoxen Kirche des Ostens, dann in der lateinischen Kirche des Westens. Über tausend Jahre lang hat das Mönchtum eine zentrale Rolle sowohl in der orthodoxen als auch in der katholischen Kirche gespielt und einen großen moralischen und kulturellen Einfluß auf die Masse der Christen ausgeübt.

Das Eremo delle Carceri in Assisi.

Die Westkirche

In der Zwischenzeit hatte das römische Imperium das Ende seines historischen Kreislaufes erreicht. Das weströmische Reich zerfiel unter dem Ansturm der Barbaren (410 Plünderung Roms durch die Vandalen; 476 formale Auflösung des westlichen Imperiums), während das östliche Römische Reich noch weitere tausend Jahre überlebte. Hier jedoch entstand unter dem Einfluß der byzantinischen Kultur eine vollständig andere Gesellschaft, die eher griechisch als römisch war. In der byzantinischen Welt war der Kaiser das Oberhaupt der Kirche, der er mit Sorgfalt vorstand, die er jedoch auch ohne Einschränkung beherrschte, obwohl der Bischof, der Patriarch von Konstantinopel, hohes Prestige genoß. Durch die machtvolle Expansion der islamischen Völker im 7. und 8. Jahrhundert n. Chr. verlor das byzantinische Imperium und

Die Ordensgemeinschaft. Tausende von christlichen Missionaren sind aus den Klöstern hervorgegangen, und die orthodoxe Kirche nahm die Gewohnheit an, ihre Bischöfe aus den Reihen der Mönche auszuwählen. Innerhalb der katholischen Kirche kam es meist im Gefolge schwerwiegender Umwälzungsprozesse zu neuen Ordensgründungen, die häufig durch extreme moralische und geistige Strenge gekennzeichnet waren. Der einzig negative Aspekt der monastischen Erfahrung bestand in der zunehmenden Sexualfeindlichkeit des Christentums sowie in der Tendenz, die Rolle der Frau zu entwerten (obwohl allmählich weibliche Orden mit außergewöhnlichen Persönlichkeiten entstanden).

Unten: Ein Missionsbruder in Lateinamerika. Die religiösen Orden, die bei der Christianisierung Amerikas eine entscheidende Rolle spielten, nehmen auch in der derzeitigen Transformationsphase des Kontinents eine wichtige Funktion ein.

Innenansicht einer orthodoxen Kirche in Griechenland.

Unten: Ausschnitt einer Dreifaltigkeitsikone von Andrej Rubljow (1360 – ca. 1430). Moskau, Staatliche Tretjakow-Galerie.

mit ihm die orthodoxe Kirche an Einfluß. Die östlichen Regionen (Ägypten, Syrien, die heutigen Länder Irak und Türkei), die teilweise bereits von unabhängigen Christen (Nestorianern und Monophysiten) bevölkert waren, wurden aufgegeben, und die Mehrheit der dort ansässigen Bevölkerung ging allmählich zum Islam über. Die Verluste in diesen Gebieten wurden jedoch durch große missionarische Erfolge in Osteuropa ausgeglichen. Die neolateinische Bevölkerung im heutigen Rumänien und der größte Teil der slawischen Völker (Bulgaren, Serben und Russen) gingen zum christlich-orthodoxen Glauben über und fielen unter den kulturellen Einfluß von Byzanz. Als Sprache der Liturgie zog man jedoch die verschiedenen Sprachen der slawischen Völker vor. Die Bibel wurde in das kyrillische Alphabet übersetzt, das nach dem griechischen Mönch Kyrill benannt war und noch heute verwendet wird.

Die westliche Kirche (die auch lateinische oder «katholische», das heißt universelle Kirche genannt wird) entwickelte sich weitaus weniger kontinuierlich. Der Zusammenbruch des Westreiches (476 n. Chr.) stellte zwar eine nicht unerhebliche Gefahr für die Kirche dar, aber er eröffnete ihr auch einen völlig neuen Handlungsspielraum. Denn der nach Osten verbannte Kaiser konnte für sich nicht mehr in Anspruch nehmen, Regent der Westkirche zu sein, deren Patriarch den unschätzbaren Vorteil hatte, in Rom zu residieren. Rom war die Stadt, in der gemäß christlicher Tradition der heilige Paulus und vor allem der heilige Petrus gestorben waren. An Petrus waren die Worte Jesu gerichtet: «Ich werde dir die Schlüssel zum Himmelreich geben.» Der Bischof Roms, der nun allgemein Papst (Vater) genannt wurde, konnte so sein altes Prestige direkt auf die ihm verliehene apostolische Autorität stützen:

Die Bekehrung Rußlands. Die größte missionarische Eroberung in Osteuropa war die Bekehrung Rußlands, die 987 mit der Taufe Wladimirs einsetzte, der dann als Märtyrer starb. Keinem der späteren mongolischen, islamischen oder westeuropäischen Eroberer gelang es, diese religiöse Prägung zu relativieren. Die russische Kirche ist noch immer die einflußreichste innerhalb der Familie der orthodoxen Kirchen. Sie war eng mit der staatlichen Macht verbunden und übte einen starken Einfluß auf die Kunst aus, der sich nicht nur in den Ikonen (Heiligenbilder) widerspiegelt, sondern auch in den Romanen des 19. und 20. Jahrhunderts sichtbar wird, die nahezu alle von einer christlichen Grundhaltung inspiriert sind (Tolstoi, Dostojewski, Bulgakow, Pasternak).

Mit dem Zerfall des Reiches war ein Machtvakuum entstanden, das schnell dazu führte, daß die Kirche als einzige noch funktionierende Instanz viele zivile Aufgaben übernahm. Ihr Verantwortungsbereich war dabei nicht nur auf die Stadt Rom beschränkt, sondern erstreckte sich tendenziell auf den gesamten christlichen Westen. Unabhängig von der Entstehung des päpstlichen Primats verfügte die Westkirche außerdem über Persönlichkeiten ersten Ranges: Ambrosius (ca. 340–397), Bischof von Mailand und großer Theoretiker, der für die Unabhängigkeit der Kirche von der weltlichen Macht eintrat; Hieronymus (ca. 347–420), der gewissenhafte und geniale Übersetzer der Bibel (von ihm stammt die Vulgata, die volkstümliche Bibelübersetzung, die tausend Jahre lang unverändert blieb und zur Entstehung des Messerituals beitrug); und schließlich das große Genie der westlichen Christenheit, der heilige Augustinus (354–430).

Die Wirkung des heiligen Augustinus beruht vor allem auf seiner Fähigkeit, das reiche theologische Erbe der griechischen Väter für die westliche Kultur zusammenzufassen und ihr einzuverleiben. Durch diese geniale Synthese gestärkt, war das lateinische Christentum in der Lage, vom 5. bis zum 10. Jahrhundert West- und Nordeuropa zu erobern. In einigen Fällen handelte es sich dabei um eine geduldige und allmähliche Missionstätigkeit, in anderen um Massenbekehrungen, die durch politische Interessen bedingt waren.

Der heilige Augustinus in seinem Studierzimmer. *Fresko von Benozzo Gozzoli (1420–1497). San Gimignano, Kirche des heiligen Augustinus.*

Augustinus. In Afrika geboren und in Mailand getauft, wurde Augustinus zum Begründer der christlichen Geschichtsphilosophie. In seinem Werk *De Civitate Dei* (Über den Gottesstaat) interpretiert er die Geschichte der Welt als einen ständigen Kampf zwischen dem Gottesreich – die durch Christus erlöste Menschheit – und dem diabolischen Weltreich der in Adam schuldig gewordenen Gottesfeinde. Der Kampf ist dramatisch, auch wenn es sicher ist, daß das Gottesreich als triumphaler Sieger aus ihm hervorgehen wird. Diese Gewißheit leitet er aus seiner Lehre von der göttlichen Vorsehung ab: Gott schenkt den Erwählten seine Liebe, die das Weltreich überwindet, die Nichterwählten sind zur Verdammnis verurteilt.

Benediktiner-Kloster in Italien. Der benediktinische Orden verbreitete sich rasch in ganz Europa und leistete einen unschätzbaren Beitrag zur moralischen und konkreten Verbesserung einer verrohten Welt.

Ein typisches Beispiel hierfür ist die Bekehrung des Frankenkönigs Chlodwig (496). Andere Länder, wie zum Beispiel Sachsen, das von Karl dem Großen unterworfen wurde, wurden jedoch auch zwangschristianisiert. Die allmähliche Verbreitung der Klöster führte auch hier, ebenso wie in den Ländern des orthodoxen Ostens, zu einer langsamen Veränderung der christianisierten Massen, da nun minimale Sozialleistungen (Hospize, Lazarette) ebenso wie ein gewisses kulturelles Leben in Europa garantiert wurden, das nach dem Zusammenbruch des Römischen Reiches unter barbarischem Einfluß stand.

Der religiöse Orden, der in diesem Zusammenhang besondere Beachtung verdient, war zweifellos der von Benedikt von Nursia gegründete: Der heilige Benedikt (480–543) betonte die Notwendigkeit einer gemeinschaftlichen Lebensführung und verpflichtete seine

Mönche gemäß seinem berühmten Motto «Ora et Labora» (Bete und arbeite) zur Arbeit und Meditation.

Die missionarischen Erfolge wiederum verstärkten die Macht des Papstes. Wichtige Päpste waren Leo der Große (440–461), dem das Verdienst zukam, den Vormarsch von Attilas Hunnen aufzuhalten, und vor allem Gregor der Große (590–604), der versuchte, die «neuen Völker» des Nordens und Westens zu christianisieren. Leo und Gregor nutzten ihre Macht und ihren Einfluß, um mit regierenden Fürsten zu verhandeln. Darüber hinaus unterhielten sie ein weites Netz von diplomatischen Beziehungen. Dieser poli-

Der heilige Benedikt. Das Klosterleben brachte bisweilen auch wenig vertrauenswürdige Wandermönche hervor. Um dieser Entwicklung Einhalt zu gebieten, gründete Benedikt von Nursia eine Ordensgemeinschaft, die dem Geist der römisch-katholischen Kirche streng verpflichtet ist – einem Geist, der sich sowohl auf Disziplin als auch auf den gesunden Menschenverstand gründet. Neben dem Armuts-, Keuschheits- und Gehorsamsgelübde müssen sich die Mönche der Benediktinerregel unterwerfen, die ihnen unter anderem verbietet, das Heimatkloster zu verlassen und umherzuwandern. Das Mönchtum ist eine christliche Miliz, und die Ordensbrüder sollen sich nicht unnötig plagen, sondern ihre Zeit mit Beten, Arbeit und Ruhe verbringen.

tisch-diplomatische Aspekt wird besonders deutlich, als der Papst 744 an den Frankenkönig appellierte, das Langobardenreich zu zerschlagen, das die Kirche in Italien bedrohte. Nach der Niederlage der Langobarden wurde das Bündnis zwischen dem Thron in Aachen und dem Altar in Rom durch die Krönung Karls des Großen besiegelt, der am Weihnachtstag des Jahres 800 zum Kaiser des wiedererstandenen Römischen (und germanischen) Reiches gekrönt wurde. Zur ideologischen Rechtfertigung dieses gewagten Bündnisses zwischen Kirche und Politik verbreitete sich die berühmte Legende von der «Konstantinischen Schenkung», derzufolge Kaiser Konstantin, bevor er die Welt verließ, dem Papst die Herrschaft über Rom und den gesamten Westen übertragen haben soll.

Eine weitere Legitimation erhielt die Verbindung zwischen Thron und Altar durch den Vormarsch des Islam. Das östliche Reich hatte bereits einen Gebietsverlust hinnehmen müssen, die Christen (mit Ausnahme der koptischen Minderheit in Ägypten) waren aus Nordafrika vertrieben worden, und muslimische Heere waren bis nach Sizilien, Portugal und Frankreich vorgedrungen. In Poitiers (732) wurde der Vormarsch von den Frankenkönigen aufgehalten, mit denen sich der Papst dauerhaft verbündet hatte. Portugal dagegen, ebenso wie weite Teile Spaniens, blieb lange von den Arabern besetzt, deren Herrschaft sich allerdings durch eine religiöse Toleranz auszeichnete, die im übrigen Europa undenkbar gewesen wäre.

Begegnung zwischen Leo dem Großen und Attila. *Ausschnitt aus dem Fresko von Raffael (1483–1520). Città del Vaticano, Stanze di Raffaello.*

Der Kirchenstaat. Die Bedeutung der Stadt Rom als führendes Zentrum der westlichen Kirche wurde durch die byzantinische Rückeroberung unter Justinian (535) gefährdet, der danach strebte, den orthodoxen Kirchenstaat auch im Westen wieder herzustellen. Im Jahr 568 jedoch fallen die Langobarden in Italien ein, verdrängen die Byzantiner, denen lediglich Apulien, Kalabrien, die Inseln und ein Landstreifen zwischen Ravenna und Rom bleibt: Hier entstand der Kern des zukünftigen Kirchenstaats, hier genoß der Bischof von Rom grundsätzliche Autonomie, sowohl gegenüber den Langobarden als auch gegenüber den byzantinischen Kaisern, die nur noch nominell regierten. Er verfügte eine moralische Autorität, die der Patriarch von Konstantinopel nicht besaß.

Unten: Kaiser Justinian auf dem Thron. Ausschnitt einer Miniatur der Schule von Bologna aus einer Handschrift der Justiniani Institutiones *aus der ersten Hälfte des 14. Jahrhunderts. Padua, Biblioteca Capitolare.*

Erwählte. *Ausschnitt des Mosaiks mit Szenen des Jüngsten Gerichts (11.–12. Jh.). Torcello, Dom.*

Unten: Arius und Averroës. Ausschnitt aus Triumph des heiligen Thomas von Aquin, *Fresko von Andrea da Firenze, (Andrea Bonaiuti, 14. Jh.). Florenz, Santa Maria Novella.*

Der Bruch zwischen Rom und Byzanz

Während sich im arabisch besetzten Teil von Spanien eine blühende und äußerst vielfältige Kultur entwickelte, verschlechterten sich im westlichen Europa die Beziehungen zwischen der West- und der Ostkirche. Nach Disputen und Schismen (867 n. Chr.) kam es 1054 zu einem dramatischen Bruch, als Papst Leo IX. den Patriarchen von Konstantinopel (Michael Kerullarius) exkommunizierte und daraufhin seinerseits von einer orthodoxen Synode exkommuniziert wurde. Vordergründig ging es bei diesem Machtkampf um eine theologische Auseinandersetzung: Die Christen der Ostkirche verwahrten sich dagegen, daß die Anhänger der Westkirche den Wortlaut des Glaubensbekenntnisses eigenmächtig und ohne Zustimmung eines Konzils abgewandelt hatten. In Wirklichkeit ging es bei diesem Rechtsstreit um die Rolle und die Machtbefugnis des Bischofs von Rom. Die Anhänger der orthodoxen Kirche erklärten sich zwar damit einverstanden, ihm den Titel «Patriarch der Westkirche» und den Namen «Papst» zuzugestehen, sie waren jedoch nie – und sind es bis heute nicht – bereit, darin etwas anderes als ein Ehrenvorrecht zu sehen. Der Papst selbst dagegen forderte das Primat in der Rechtsprechung, das heißt, er beanspruchte für sich das Recht, im Namen der gesamten Kirche zu sprechen. Aufgrund dieses Dissenses sind die «katholische» Westkirche und die «orthodoxe» Ostkirche bis heute gespalten, auch wenn die gegenseitigen Exkommunizierungen vor wenigen Jahren zurückgenommen worden sind. Die historische Entwicklung der beiden Kirchen verlief deutlich verschieden. Das byzantinische Imperium und die orthodoxe Kirche wurden durch den Vormarsch der muslimischen Türken (1071 die Schlacht von Mazinkert) immer weiter zurückgedrängt, während

Das maurische Spanien. Der von den muslimischen Arabern beherrschte Teil Spaniens gewährte den Juden und Christen weitgehende religiöse Toleranz. Angehörige aller drei Religionen traten hier miteinander in einen regen intellektuellen Austausch. So erhielt die westliche Welt – vermittelt durch herausragende Persönlichkeiten und eine rege Übersetzungstätigkeit – endlich auch Zugang zu den Schätzen der orientalischen Wissenschaft und der griechischen Philosophie.

sich der Einflußbereich der katholischen Kirche ständig ausbreitete. Die letzten heidnischen Völker des Nordens wurden christianisiert, in Spanien begann das Zeitalter der *Reconquista*, die die arabische Herrschaft gezielt zurückdrängte. Auch Sizilien wurde der Christenheit zurückgegeben. Der Westen fühlte sich daraufhin so gestärkt, daß man beschloß, den türkischen Vormarsch zurückzudrängen und Palästina zu erobern. Der Aufruf zum «Heiligen Krieg» wurde von der europäischen Bevölkerung (vor allem von den Franken) mit Begeisterung aufgenommen. Der Appell von Papst Urban II. und die leidenschaftliche Predigt des Eremiten Petrus («Gott will es») fielen auf fruchtbaren Boden: 1099 wurde Jerusalem erobert und das «Heilige Grab Jesu» befreit, ganz so, wie es die Kreuzfahrer (deren Name durch das Kreuz entstand, das auf ihre Schilde und Standarten gemalt war) geplant hatten. Von kurzem Bestand hingegen waren die von den Kreuzfahrern gegründeten Staaten in Syrien und Palästina, die im Verlauf von wenigen Jahrzehnten in der arabisch-muslimischen Welt untergingen. Die moralische Fragwürdigkeit der Kreuzzüge steht außer Frage, aber sie sind ein Symptom für die Vitalität des Westens. Eine Gesellschaft, die um die Jahrtausendwende noch in tiefster intellektueller und spiritueller Finsternis befangen war, erwachte plötzlich wieder zu neuem Leben. Der Handel florierte, in den alten und neuen italienischen Städten entwickelten sich zaghaft die Anfänge einer kom-

Der Kreuzgang des Doms von Monreale (12. Jh.). Nach der byzantinischen und später der arabischen Herrschaft, und nach der normannischen Eroberung ist Sizilien wieder zum Katholizismus zurückgekehrt. In der Kunst sind jedoch Spuren dieser verschiedenen Kulturen erhalten geblieben.

Die christianisierten Heiden aus dem Norden. Nach der erzwungenen Bekehrung der Sachsen durch Karl den Großen wendet sich die christliche Mission von Deutschland ausgehend Richtung Norden. Dies geschieht unter der Herrschaft von Kaiser Ludwig dem Frommen (814–840) und Bischof Ansgar, dem ersten Bischof von Hamburg (831), der wegen seines heroischen Einsatzes – trotz bescheidener Erfolge – der «Apostel des Nordens» genannt wird. Die skandinavischen Völker (zusammen mit den Tschechen, den Polen und den Ungarn) können erst um das Jahr 1000 dem Einflußbereich der katholischen Kirche zugerechnet werden. Erst im 13. und 14. Jahrhundert werden Preußen und die baltischen Länder durch den Deutschritterorden christianisiert.

Die Belagerung von Jerusalem. Ausschnitt einer venezianischen Miniatur aus Descriptio Terrae Sanctis *von Burchardus Teutonicus (2. Hälfte des 8. Jh.). Padua, Biblioteca del Seminario.*

munalen Verwaltung, und auch in den «Barbarenreichen» entstand eine effiziente politische und gesellschaftliche Ordnung. Klassisches Beispiel hierfür sind Frankreich und England, die durch die normannische Eroberung (1066) geeint wurden. Der Antriebsmotor dieser Wiedergeburt aber war zweifellos die Kirche, die dies dem Wirken der Mönche, der Theologen und der Päpste zu verdanken hatte.

Das Mönchtum stellte vielleicht die stärkste dieser drei Kräfte dar. Ohne die große benediktinische Tradition leugnen zu wollen, ging von Frankreich eine wahre Welle von monastischer Erneuerung aus. Der bedeutendste Papst des Mittelalters, Gregor VII. (1073–1085), ließ sich von der monastischen Reform inspirieren. Er versuchte die Errungenschaften der klösterlichen Sittenstrenge auf das gesamte kirchliche Leben auszudehnen und verbot den Verkauf von Kirchenämtern, die «Simonie», ebenso wie die Priesterehe, die tausend Jahre lang stillschweigend geduldet worden war und in der orthodoxen Kirche bis heute legitim ist. Durch diese Bestrebungen machte er allerdings auch die eher negativen Aspekte des monastischen Lebens – nämlich die Ablehnung von Sexualität und die Geringschätzung der Frauen – zu einem Bestandteil der offiziellen Kirchenlehre. Der Pfarrgemeinde stand von nun an ein unverheirateter Mann alleine vor. Diese harte Reform besaß jedoch den Vorteil, daß der Klerus nun aus Funktionären bestand, die sich voll und ganz ihrer Aufgabe widmeten und sich völlig dem Willen der Hierarchie unterordneten.

Gregor VII. hatte sich schließlich eine so solide Machtbasis geschaffen, daß er eine der größten Auseinandersetzungen der gesamten katholischen Kirchengeschichte angehen konnte: den sogenannten Investiturstreit. Die Landesherren des Heiligen Römischen Rei-

Die moralische Bilanz der Kreuzzüge. Diese ist keineswegs positiv zu bewerten. Im Gefolge der Kreuzzüge kam es zu verheerenden anti-jüdischen Pogromen, die Kreuzfahrer riefen bei den arabischen Völkern, auf deren Gebiet die Kriege stattfanden, antiwestliche Ressentiments hervor, die sich bis heute erhalten haben, und sie zerstörten endgültig die Beziehungen zur orthodoxen Kirche. Den IV. Kreuzzug nämlich lenkten die Venezianer – im eigenen Interesse und gegen den Willen des Papstes – nach Konstantinopel ab. Er endete (1204) mit der Zerschlagung des Byzantinischen Reiches und führte zu der Errichtung eines Lateinischen Kaiserreiches unter venezianisch-französischer Führung, das jedoch nur von kurzem Bestand war.

ches Deutscher Nation zogen es bekannterweise vor, ihre Lehen an kirchliche Würdenträger zu vergeben, da diese erbenlos waren und ihre Besitztümer somit bald wieder an den Lehnsherrn zurückfielen. Dabei achtete insbesondere der Kaiser darauf, daß die von ihm eingesetzten Bischöfe auch ihm zu Willen waren – ein Vorgehen, das zu Interessenskollisionen mit der Kirche führen mußte. Papst Gregor VII. wollte diesen potentiellen Konfliktherd aus dem Weg räumen, indem er die Laieninvestitur unter Androhung der Exkommunikation verbot. In seiner Schrift *Dictatus Papae* (1075) stellte er unmißverständlich klar, daß es ihm allein zustehe, über die Kirche und die laizistische Welt zu herrschen. Zunächst schien sich die päpstliche Macht durchzusetzen. Berühmt ist die Szene, als Heinrich IV. in Canossa drei Tage lang barfuß im Schnee stand und auf die Vergebung des Papstes hoffte (1077). Der Machtkampf endete schließlich mit einem Kompromiß, der jedoch erst viele Jahre später und nach dem Tod der beiden Protagonisten mit dem Wormser Konkordat (1122) gefunden wurde. Auch wenn Gregor VII. seinen universellen Herrschaftsanspruch nicht hatte durchsetzen können, ging die päpstliche Macht in jedem Fall gestärkt aus dieser langanhaltenden Kontroverse hervor.

Das erstaunliche Ausmaß der päpstlichen Machtvollkommenheit wurde besonders während des Pontifikats von Innozenz III. (1198–1216) erkennbar. Durch die Niederlage

Pilger in Jerusalem. Zahlreiche in Palästina an heiligen Orten entstandene Kirchen veranlaßten viele Gläubige zu Pilgerfahrten.

Unten: Die benediktinische Abtei von Cluny. Cluny war der Ausgangspunkt einer strengen Reform der sich im Niedergang befindenden Klosterkultur und führte die christliche Spiritualität zu einer neuen Blüte.

Die Klöster in Frankreich. Von 910 an war Cluny das bekannteste Kloster in Frankreich, dem später das Kloster von Cîteaux folgte (latein. Cistercium, wovon sich der Name Zisterzienser ableitet). Aus ihm ging der heilige Bernhard von Clairvaux (1090–1153), ein großer Mystiker und Theologe, hervor. In den benediktinischen und zisterziensischen Klöstern entfaltete sich ein reiches liturgisches, musikalisches und künstlerisches Leben. Aber auch das gesellschaftliche Leben erhielt von hier bedeutende Impulse: Neben der Armen- und Krankenfürsorge widmeten sich die Mönche auch der Landwirtschaft. Sie legten Sümpfe trocken, rodeten Wälder und entwickelten neue Formen des Ackerbaus und der Viehzucht.

Kaiser Heinrich IV. zu Füßen von Papst Gregor VII. in Canossa. Aquatintastich nach einer Zeichnung Zuccaris. Paris, Bibliothèque Nationale.

Kaiser Barbarossas (1176) befand sich das gedemütigte Reich im Niedergang, alle Herrscher Europas wandten sich an den Papst, um von ihm die Legitimation ihrer Macht zu erhalten, während die Ostkirche durch den IV. Kreuzzug auf barbarische Weise unterworfen wurde. Das IV. Lateranische Konzil (1215) festigte den Ruhm dieses Papstes. Und dennoch beschloß die Kirche auf diesem Konzil, das Gericht der «Heiligen Inquisition» einzusetzen. Denn seit Jahrzehnten schon hatten die von der Gregorianischen Reform enttäuschten Christen begonnen, empfänglich für die christlichen Bewegungen der Opposition zu werden. Zum ersten Mal nach dem heiligen Augustinus tauchte Häresie wieder als Massenphänomen innerhalb der westlichen Christenheit auf. Die erste Häresie war östlichen Ursprungs: Die Katharer («die Reinen») stammten von bulgarischen und bosnischen Bogomilen ab und ersetzten die Dogmen der großen Konzile mit einer dualistischen Vision des spirituellen Lebens. Die Katharer wurden vernichtet; verschont wurden Häretiker wie die Waldenser, die sich darauf beschränkten, die Weltlichkeit der Kirche zu kritisieren, ohne die Rechtmäßigkeit ihrer Dogmen in Frage zu stellen. Jahrhundertelang zogen diese volkstümlichen Prediger durch Mitteleuropa und propagierten einen einfachen, den Worten Jesu verpflichteten Lebensstil.

Dem mächtigen Unterdrückungsapparat der Inquisition gelang es zwar, diese Bewegung auszugrenzen, auslöschen konnte er sie jedoch nicht. In ihrer Breitenwirkung wesentlich effizienter als die Wanderprediger waren jedoch zwei neue «Bettelorden», die innerhalb der katholischen Kirche entstanden waren. Der erste und wichtigste war der Franziskanerorden, der um das Jahr 1208 von dem jungen Italiener Franz von Assisi gegründet wurde. Die fran-

«Dictatus Papae». Nach dem Willen von Papst Gregor VII. steht dem Papst das Recht zu, Bischöfe zu ernennen und abzuberufen, Kaiser abzusetzen und die Untertanen vom Treueschwur zu befreien. Nur ein von ihm einberufenes Konzil hat universelle Gültigkeit.

Die Katharer. Eine der größten religiösen Bewegungen des Mittelalters, die die Verweltlichung der Kirche kritisierte und eine streng asketische Lebensführung propagierte. Sie war besonders in Südfrankreich, aber auch im Piemont und der Lombardei verbreitet. Die Katharer gingen davon aus, daß auf der Welt ein ewiger Kampf zwischen dem Guten und dem Bösen herrsche. Papst Innozenz III. führte einen wahren Kreuzzug (1208) gegen die Katharer, der ihre politische und kulturelle Autonomie zerstörte.

ziskanische Bewegung verband die weitverbreitete Sehnsucht nach einem authentischen christlichen Leben (nach dem Vorbild des Evangeliums) auf geniale Weise mit der Liebe zur Natur und einem Sinn für Schönheit. Durch den Willen von Papst Innozenz III. wurde die franziskanische Bewegung zu einem religiösen Orden und hat seitdem ungeheuren Einfluß auf die italienische und europäische Christenheit ausgeübt.

Fast gleichzeitig entstand in Spanien durch Dominikus Guzmán ein weiterer Orden, der sich explizit dem Vorhaben widmete, die Häresie auf ihrem eigenen Feld zu bekämpfen. Ebenso wie die Franziskaner verpflichteten sich auch die Dominikaner zu einem Leben in völliger Armut, und wie die Waldenser widmeten sie sich der Volkspredigt. Deshalb wurden sie auch als «Predigerorden» bezeichnet. Während die Waldenser aber auch gegen die Amtskirche polemisierten, waren die Dominikaner streng darauf bedacht, im Interesse der Kirche und des Papstes zu wirken. So standen sie einerseits in einem Konkurrenzverhältnis zum offiziellen Klerus, andererseits aber auch an der Spitze der Inquisition. Der größte Theologe des Mittelalters, der heilige Thomas von Aquin, gehörte dem Orden der Dominikaner an.

Die Vogelpredigt. *Fresko mit Geschichten über den heiligen Franziskus (1296–1300). Assisi, Oberkirche von S. Francesco. Es gilt noch nicht als gesichert, daß diese Fresken von Giotto stammen.*

Unten: Waldes, *idealisiertes gemeißeltes Porträt. Zusammen mit den Skulpturen von Savonarola, Wyclif und Hus befindet es sich zu Füßen des Reformationsdenkmals (1867) in Worms.*

Die Waldenser. Petrus Waldes (ca.1146– ca.1217), der ursprünglich ein wohlhabender Kaufmann in Lyon war, hatte 1175 ein Bekehrungserlebnis, das ihn veranlaßte, seinen Besitz an die Armen zu verschenken und fortan in Armut zu leben. Er und seine Anhänger zogen als Wanderprediger umher, um die Bibel, die Waldes zum Teil selbst in eine volkstümliche Sprache übersetzt hatte, zu verbreiten. Da sich die Waldenser anmaßten, als Laien über Glaubensfragen zu predigen, wurde ihre Bewegung der Ketzerei bezichtigt und alle, die ihr anhingen, exkommuniziert. Trotz einer erbarmungslosen Verfolgung fand ihre Lehre in ganz Europa viele Anhänger. Im «Waldenser-Tal» im Piemont schloß sich ihnen die Mehrheit der Bevölkerung an.

Der heilige Dominikus und Geschichten aus seinem Leben, mittlere Tafel des Antependiums von Francesco Traini (15. Jh.). Pisa, Museo Nazionale di San Matteo.

Die Blütezeit des Katholizismus. Das 12 und 13. Jahrhundert ist in der Geschichte der katholischen Christenheit eine Zeit außerordentlicher kultureller Blüte. Dies zeigt sich schon an den Kirchenbauten: Neben den traditionellen romanischen Kirchen entstehen nun prächtige gotische Kathedralen wie zum Beispiel Chartres und Nôtre Dame in Paris, der Kölner und der Mailänder Dom oder die Florentiner Kirchen. Am eindrücklichsten aber sind die Entwicklungen, die sich auf dem Gebiet der Religionswissenschaften vollziehen: Unter den Denkern der Zeit sei an erster Stelle Anselm von Aosta (1033–1109), der Bischof von Canterbury, genannt, der ein großer Verfechter der Gregorianischen Reform war. Mit Anselm erreicht die Doktrin vom Leid als Sühne und dem stellvertretenden Tod Jesu seine vollständigste Formulierung. Neben Anselm sei an Pierre Abälard (1079–1142) erinnert, der vor allem durch seine unglückliche Liebesbeziehung zu Heloïse berühmt wurde. Er, der mit seinen Gedanken und mit seiner Argumentation sehr unkonventionelle Wege beschritt, war seiner Zeit weit voraus. Ganz im Geist seiner Zeit wirkte dagegen der größte Theologe der gesamten katholischen Kirchengeschichte, der Heilige Thomas von Aquin (1225–1274). Während viele vor der aristotelischen Philosophie zurückschreckten, die über das maurische Spanien nach Europa gelangt war, unternahm

Die Scholastik. In den mittelalterlichen *scholae* (Schulen, die die Vorläufer der modernen Universität sind) wurden die biblischen Texte und die Werke der Kirchenväter kopiert, übersetzt, systematisiert und neu interpretiert. Das Ziel dieser enormen Schaffenskraft war es, die christliche Wahrheit zur Grundlage der Wissenschaft und Philosophie zu machen. Die scholastische Methode wurde von ihren Kritikern oft als engstirnig, spitzfindig und dogmatisch verhöhnt, obwohl sie sich durch eine enorme Gelehrsamkeit auszeichnete.

Anselm von Canterbury. Von ihm stammt der berühmte Gottesbeweis und eine unvergessene Deutung des Opfertodes Jesu Christi: Da der Mensch durch seine Sünden Gott eine unendliche Beleidigung zugefügt hat, konnte Gott nur durch seinen eigenen Sohn das

Thomas von Aquin den kühnen Versuch, Aristoteles im christlichen Sinn zu interpretieren beziehungsweise das christliche Dogma in den aristotelischen Kategorien zu erfassen. Klassisch ist seine Interpretation der Eucharistie, die als Doktrin ungeheuren Einfluß auf die Entwicklung der katholischen Theologie und die volkstümliche Frömmigkeit ausgeübt hat. Aus Achtung gegenüber der Eucharistie bleibt der Kelch mit dem Wein allein dem Priester vorbehalten, während den Gläubigen nur das Brot in Form der Hostie gereicht wird. Auch die große mittelalterliche Mystik, für die vor allem der Name Meister Eckhart (1260–1327) steht, entstand in dieser Zeit.

Kirchenschiff und Chor des Kölner Doms, dessen Bau 1248 begonnen wurde. Die gotische Architektur als Ausdruck mittelalterlicher Spiritualität entwickelte sich zuerst in Frankreich und gelangte von dort nach Deutschland.

Der Herbst des Mittelalters. Auf den Höhepunkt der geistigen, politischen und intellektuellen Macht des Katholizismus folgte jedoch auch rasch der Niedergang. Sichtbares Zeichen dieses Niedergangs war das sogenannte «Abendländische Schisma» (1378–1417), bei dem sich zwei (und manchmal sogar drei) Päpste um das Pontifikat stritten und dadurch bei den Gläubigen einen Zustand tiefer Orientierungslosigkeit hervorriefen. Stimmen des Protests waren jedoch auch unabhängig von diesem Skandal zu hören. Der Engländer John Wyclif (1324–1384) prangerte die Verderbnis des Klerus an, forderte eine umfassende Kirchenreform,

Opfer darbieten, das in seinem Wert ebenso unermeßlich ist, wie die vorhergehende Sünde war. Jahrhundertelang haben die schönen Schriften Anselms die christliche (auch die protestantische) Theologie beeinflußt.

Abälard und Heloïse. Im Jahr 1113 lehrte Abälard, ein ebenso hochbegabter wie streitbarer Geist, an der Sorbonne. Dort verliebte er sich auch in Heloïse, die schöne Nichte des Kanonikus Fulbert. Um Abälard für seine Leidenschaft zu bestrafen, ließ Fulbert ihn von seinen Schergen entmannen. Überliefert sind uns Abälards wunderschöne Liebesbriefe an Heloïse, die später Priorin eines Klosters wurde. Beide ruhen heute in einem gemeinsamen Grab auf einem Pariser Friedhof.

Der heilige Thomas von Aquin. Ausschnitt des Polyptychons von Gentile da Fabriano (1370–1427) im Valle Romita. Mailand, Pinacoteca di Brera.

während er gleichzeitig die staatliche Autonomie für notwendig erklärte. Seine Forderungen stützten sich auf eine aufmerksame Lektüre der Bibel, die er selbst in die Sprache des Volkes übersetzt hatte. Viele seiner Ideen werden zwei Jahrhunderte später von der anglikanischen Reform aufgegriffen, aber zunächst riefen sie in Böhmen (in der heutigen Tschechischen Republik) einen revolutionären Aufstand hervor. Jan Hus (1369–1415), ein junger und gelehrter Prediger aus Prag, verkündete die Ideen Wyclifs von der Kanzel und löste damit eine Volksbewegung aus, die nach einer vollständigen Reform von Kirche und Gesellschaft strebte. Die provokanteste und zugleich symbolträchtigste seiner Forderungen bestand darin, daß auch Laien die Kommunion in Form von Brot und Wein empfangen sollten: «Der Kelch den Laien» lautete das Motto seiner Bewegung. Hus wurde vom Konstanzer Konzil verurteilt und bei lebendigem Leibe verbrannt (1415). Sein Martyrium rief in Böhmen einen Aufstand hervor, der das Ausmaß einer Revolution annahm. Jahrelang widerstanden die Böhmen dem Angriff der Kreuzritter, die der Papst gegen sie entsandt hatte, bevor sie sich geschlagen geben mußten.

Konfrontiert mit der moralischen Dekadenz des römischen Papstsitzes und den Übeln, die die Christenheit heimsuchten, hatten viele Bischöfe und Theologen, aber auch laizistische Fürsten begonnen, die Kompetenz und unbeschränkte Machtvollkommenheit des Papstes öffentlich in Frage zu stellen. Schon seit dem Abendländischen Schisma waren Stimmen laut geworden, die forderten, das Konzil – entgegen der herrschenden Tradition – zur obersten Instanz zu erheben, die auch dem Papst übergeordnet sein müsse. Die Konzile von Pisa (1409), Konstanz (1414–1418) und Basel (1431–1449) versuchten, aus der Kirche das

Die Eucharistie nach dem heiligen Thomas von Aquin. In der Realität bestehen alle körperhaften Wesen aus einer unveränderlichen «Substanz» und aus Zufälligkeiten. Deshalb kann man behaupten, daß in dem Augenblick, in dem der Priester die Elemente der Kommunion weiht, sich die Substanz des Brotes und des Weins in die Substanz des Körpers Christi verwandelt (die Transsubstantiation), während die Farbe, der Geruch, das Gewicht von Brot und Wein unverändert bleiben. Das gesamte Werk des Heiligen Thomas enthält eine stark metaphysische Tendenz und hat daher den Titel *philosophia perennis* verdient. Mit dem Papsttum von Leo XIII. (1878–1903) wurde der Thomismus zur offiziellen Theologie der katholischen Kirche.

zu machen, was wir heute mit konstitutioneller Monarchie bezeichnen; doch die Macht blieb in Wahrheit in den Händen der römischen Kurie.

Die katholische Kirche war schlecht auf die Krise vorbereitet, die das Ende des Mittelalters hervorrief. Auf der einen Seite vertrat der Humanismus Werte, die den ältesten Forderungen der Kirche entsprachen und deshalb wie eine Herausforderung wirkten. Auf der anderen Seite führte der Geist der Renaissance, der die Kunstschaffenden in Italien zu außerordentlichen Leistungen anspornte, auch dazu, daß sich am päpstlichen Hof ein mondäner Lebensstil ausbreitete, den man auch als kaum verborgenes Heidentum bezeichnen könnte. Bezeichnend für diesen Geist waren die Pontifikate von Alexander VI. (1492–1503) und Leo X. (1513–1521). Inmitten dieser Dekadenz fehlte es nicht an Intellektuellen, die den christlichen Glauben neu und auf modernere Art zu formulieren versuchten, so zum Beispiel der italienische Philosoph Marsilio Ficino und der holländische Humanist Erasmus von Rotterdam.

Auf der Iberischen Halbinsel hatte in der Zwischenzeit ein bedeutendes, epochales Ereignis stattgefunden: Die Jahrhunderte dauernde *Reconquista* war erfolgreich beendet worden, und zwar in dem Augenblick, in dem sich zwei der drei iberischen Reiche, dank der Heirat Isabellas von Kastilien mit Ferdinand von Aragón (1469), vereinten. Das Kastilien der Grundbesitzer gewann die Oberhand über das Katalanien der Händler: Die *Reconquista* wurde im Stil der mittelalterlichen Kreuzzüge zu Ende geführt. 1492 war das entscheidende Jahr. Nach der Besetzung Granadas, des letzten Teiles des arabischen Spanien, wurden die überlebenden Muslime gezwungen, sich zum christlichen Glauben zu bekehren. Auch den

Das Martyrium des Jan Hus. Ein Zeitgenosse beschrieb die Hinrichtung des Jan Hus wie folgt: «Also stiegen die Folterknechte schnell vom Scheiterhaufen. Der Meister begann mit lauter Stimme zu singen, zuerst ‹Christus, Sohn des lebendigen Gottes, hab Mitleid mit uns›, danach ‹Christus, Sohn des lebendigen Gottes, hab Mitleid mit mir›, und schließlich ‹Du, der du von der Jungfrau Maria geboren wurdest…›. Aber als er die dritte Hymne zu singen begann, wurde sein Gesicht durch einen starken Windstoß von den Flammen bedeckt. Und so, still für sich betend, bewegte er kaum die Lippen, schüttelte sein Haupt und hauchte in Gott sein Leben aus.»

Jan Hus wird seines priesterlichen Gewandes entkleidet und als Häretiker auf den Scheiterhaufen geführt. Miniatur aus Das Concilium *(15. Jh.). Mailand, Biblioteca Braidense.*

Erasmus von Rotterdam. *Porträt von Hans Holbein d. J. (1497–1543). Turin, Galleria Sabauda. Erasmus war zweifellos der berühmteste Gelehrte seines Jahrhunderts. Von manchen wurde er für den Vorläufer des aufgeklärten Rationalismus gehalten, sein Anliegen war in Wirklichkeit jedoch eine moderate, aber ernsthafte Reform des Christentums. Von ihm stammt die erste kritische Ausgabe des Neuen Testaments.*

in Spanien ansässigen Juden erging es nicht besser. Man stellte sie vor die Wahl, ihren Glauben zu verraten und zu konvertieren oder das Land zu verlassen. So begann ein neues, schmerzvolles Kapitel in der langen Geschichte der jüdischen Diaspora. Um sich der tatsächlichen Unterwerfung der konvertierten Araber und Juden zu versichern, wurde die staatliche Inquisition (1481) einberufen, die berüchtigt für ihre grausame Strenge war.

In der Zwischenzeit hat auch das zweite iberische Reich, Portugal, sein Imperium begründet. Seine Seefahrer haben zuerst Südafrika, dann das märchenhafte Indien, schließlich China und Indonesien erreicht. Der König erhält auch weite Teile Südamerikas: Brasilien ist entstanden, das bald von Massen von Sklaven bevölkert sein wird, die aus Afrika entführt werden. Trotz der weiten Ausdehnung des portugiesischen Imperiums übernimmt Spanien die Hauptrolle bei der katholischen Eroberung der Welt. Und diese königliche Mission scheint sich zu verwirklichen, als aus einer der typischen dynastischen Eheschließungen der Zeit ein Prinz hervorgeht, der nicht nur Aragón und Kastilien erben wird, sondern auch die weiten Herrschaftsbereiche der österreichischen Habsburger. Im Jahr 1519 wird dieser Prinz unter dem Namen Karl V. zum Kaiser des Heiligen Römischen Reiches gewählt. Der katholische Glaube ist nahe daran, die Welt zu erobern. Erst wenige Jahre zuvor (1453) ist das tausend

Erasmus. «Die Apostel taufen allerorten, und doch lehrten sie nirgends, was Form und was Materie, was Wirkursache und was Endursache der Taufe sei, und von auslöschlichem und unauslöschlichem Merkmal ist bei ihnen keine Rede. [...] Immer wieder schärfen die Apostel die Lehre von der Gnade ein, aber nirgends unterscheiden sie zwischen Gnade zum Heil anderer und Gnade zum eigenen Heile. Überall predigen sie die Liebe, aber sie wissen keine eingegossene von erworbener Liebe zu trennen und erörtern nicht, ob sie Qualität oder Substanz sei, ob erschaffen oder unerschaffen. [...] Sie verabscheuen die Sünde, aber ich will des Todes sein, wenn sie wissenschaftlich definieren könnten, was das ist, was wir Sünde nennen.» (*Lob der Torheit*, 1509)

Jahre alte byzantinische Imperium von Türken zerschlagen worden. Die Königreiche von Serbien, Bulgarien und dem heutigen Rumänien werden unterworfen, auch wenn die Mehrheit der Bevölkerung der orthodoxen Kirche treu bleibt, die nun zum wichtigen Herd der nationalen Kultur wird. Der einzige unabhängig gebliebene orthodoxe Staat ist das weit entfernte Rußland mit seiner Hauptstadt Moskau. Sein Fürst Iwan III., der Große (1462–1505), nennt sich Zar, und das orthodoxe Rußland wird eine Hauptrolle in der Weltgeschichte übernehmen. Doch im Augenblick scheint der einzige Protagonist Karl V. zu sein, in dessen Reich «die Sonne niemals untergeht».

Die beiden Heiligen Paraskewa und Anastasia. Ausschnitt aus einer russischen Ikone zu Beginn des 15. Jahrhunderts. Schule von Nowgorod. Sankt Petersburg, Russisches Museum.

Unten: Die katholischen Könige, *Keramikrelief von Alonso de Mena (17. Jh.) mit den Bildnissen von Isabella von Kastilien und Ferdinand von Aragón. Granada, Königliche Kapelle.*

Ein neuer Kontinent. Im selben Jahr, als Granada zurückerobert wurde (1492), unternimmt Christoph Kolumbus im Dienst der spanischen Könige eine abenteuerliche Reise. Der neue Kontinent, den er dabei entdeckt, wird später Amerika genannt. Innerhalb von fünfzig Jahren wird dieser Kontinent erobert: Das spanische Weltreich, das ein katholisches Reich ist, ist entstanden. Mit Brasilien, unter portugiesischer Herrschaft, werden zwei Drittel des Kontinents katholisch. Mit diesen Eroberungen breitete sich die lateinische Kultur außerhalb ihrer europäischen Grenzen aus. Der Preis war jedoch die fast völlige Zerstörung der präkolumbianischen Kultur.

Von der Reformation zur Neuzeit

Ausgerechnet in Deutschland, im symbolischen Zentrum des Kaiserreichs von Karl V., bricht die größte Krise in der Geschichte des westlichen Christentums aus: die protestantische Reformation. Ausgelöst wird sie durch Martin Luther (1483–1546), einen frommen, gelehrten und sittenstrengen Mönch aus Mitteldeutschland. Obwohl der gelehrte Luther sich die humanistische Kultur angeeignet hatte, ist er in gewisser Hinsicht ein Mensch des Mittelalters, da es ihm vor allem um die Frage der Errettung geht. Er befolgt streng die Regeln des klösterlichen Lebens, predigt und treibt Studien, findet jedoch in seiner Seele keinen Frieden. Als er eines Tages zum wiederholten Mal die Briefe des heiligen Paulus an die Römer liest (1, 17), kommt ihm der erleuchtende Gedanke. Der Apostel sagt dort: «Der Gerechte wird leben aus Glauben.» Das bedeutet, daß man nicht durch Disziplin oder gute Werke gerecht wird, sondern nur dann gerettet wird, wenn man über den Glauben zu der Erkenntnis gelangt, daß Gott Liebe ist, und daß diese Liebe in Christus, vor allem durch seinen Tod am Kreuz, verkörpert ist. Die Liebe Gottes wird jedem Menschen ohne Gegenleistung zuteil, sie ist eine Gnade, die jeder Mensch, der aufrichtig glaubt, empfängt. Das Unglück wollte es, daß ausgerechnet in diesen Jahren Papst Leo X. für den Bau von Sankt Peter verzweifelt auf der Suche nach Geldern war und daher eine Kampagne zum Ablaßverkauf erlaubt hatte. Durch eine großzügige Spende konnte jeder für sich oder seine Familie einen Ablaß auf die Strafen des Fegefeuers erhalten. Der junge Luther hielt diesen Ablaß-

Linke Seite: Innenansicht der Nieuwezijdskapel in Amsterdam auf einem Gemälde von Emanuel Witte (ca. 1655). Utrecht, Catharijneconvent.

Leo X. Ausschnitt eines Gemäldes von Raffael (1483–1520) mit dem Bildnis des Papstes zwischen den Kardinälen Luigi de' Rossi und Giulio de' Medici. Florenz, Uffizien.

Der Ablaß. Im Mittelalter ging jeder Gläubige davon aus, daß er nach dem Tod eine mehr oder weniger lange Zeit im Fegefeuer zubringen müsse, um für seine Sünden zu büßen. Nur die Heiligen gelangten direkt ins Paradies. Die kirchliche Autorität konnte einen Nachlaß auf die Sündenstrafe erteilen, wenn sie den Gläubigen dafür würdig hielt. Zur Zeit der Kreuzzüge gab es völligen Ablaß für diejenigen, die im Heiligen Land kämpften. Später galt der Ablaß dann auch für diejenigen, die die ausreichende Geldsumme für den Kampf im Heiligen Land zur Verfügung stellten. Am Ende konnte beinahe jedermann – unabhängig von seiner Sünde und Bußfertigkeit – durch eine wichtige Schenkung oder eine Pilgerfahrt einen Ablaß erstehen.

Martin Luther. Ausschnitt aus dem Bildnis Luther und seine Frau *von Lucas Cranach d. Ä. (1472–1553). Florenz, Uffizien.*

verkauf für skandalös. Denn wenn die Gnade Gottes eine Liebe ohne Gegenleistung ist, kann man keinen Handel damit treiben. Am 31. Oktober 1517 verfaßt er 95 theologische Thesen und bringt sie am Portal der Wittenberger Schloßkirche an. In Deutschland bricht die Hölle aus; alle, die eine ernsthafte Reform der Kirche wollen, die die römische Ausbeutung leid sind, sind auf Luthers Seite. Die Konservativen jedoch beschuldigen ihn der Respektlosigkeit gegenüber der kirchlichen Autorität. Leo X. verurteilt Luther (1520), und auch Kaiser Karl V. ruft ihn zur Entschuldigung vor den Reichstag zu Worms (1521). Aber Luther weicht nicht zurück. Er verbrennt die päpstliche Bulle und erklärt vor dem Angesicht des Kaisers: «Ich kann nicht gegen mein Gewissen handeln.» Tausend Jahre lang hatte sich das Christentum auf das Prinzip der Autorität gestützt; aber nun, durch die Worte und den Mut dieses 37jährigen Mönches, beginnt eine Epoche, in der sich das Christentum auf das Prinzip des freien, eigenen Gewissens beruft. Luther riskiert das Martyrium, ebenso wie Jan Hus, aber einige deutsche Fürsten, die die päpstliche Vorherrschaft leid sind, beschützen ihn, und er nutzt seinen verborgenen Rückzugsort, um eine populäre Übersetzung der Bibel zu erstellen. Die Bibel ist danach kein Vorrecht der Gelehrten und Priester, sondern wird nun dem christlichen Volk übergeben. Luther sagt: Alle, der Priester, der von der Kanzel predigt, der Schuster, der die Schuhe macht, der Bauer, der das Korn sät, sind von Gott berufen. Alle Menschen und nicht nur die Mönche und Priester hat Gott berufen, damit sie die ihnen vom Schöpfer jeweils zugedachte Aufgabe erfüllen und jeder in der Welt die Liebe Gottes erfährt.

Luther war sich nicht bewußt, daß seine Theologie eine fast geniale Antwort auf die

Die Lutherbibel. Nach der Vulgata des heiligen Hieronymus hatte es keine so schöne Übersetzung mehr gegeben: Aber überall, wo sich die Ideen Luthers und seiner Anhänger verbreiten, wird die Bibel in die lokale Sprache übersetzt. Denn wenn Gott Liebe ist, muß sein Wort auf die direkteste und einfachste Weise allen überbracht werden. Die Prediger müssen sich immer daran erinnern, daß ihre höchste Aufgabe darin besteht, dem Volk der Gläubigen das Wort Gottes zu erklären. Zu diesem Zweck ist das Studium der griechischen und hebräischen Sprache notwendig, denn nur wer die Heilige Schrift in ihrer ursprünglichen Sprache lesen kann, erlangt ein wirklich vertieftes Textverständnis.

Herausforderungen der Neuzeit enthielt, die mit dem Humanismus der Renaissance und den wissenschaftlichen und geographischen Entdeckungen bereits begonnen hatte. Begeistert werden seine Thesen von jungen Menschen, vor allem von Priestern, Mönchen, aber auch Nonnen, aufgenommen und umgesetzt. Dabei gehen viele noch weit über seine Forderungen hinaus, indem sie die Messe auf deutsch lesen und sich verheiraten. Sie verstehen sich nicht mehr als Priester, sondern als Lehrer. Die Hälfte der deutschen Fürsten und die Könige von Dänemark und Schweden bekennen sich offen zu den Ideen Luthers und setzen sich aktiv für ihre Verwirklichung ein. Anderen – darunter Priester und gelehrte Humanisten – geht die Kritik Luthers nicht weit genug, und sie nutzen die allgemeine Unruhe, um die theologische Reform zu einer gesellschaftlichen Revolution auszuweiten. Vielerorts verbünden sie sich mit dem Volk, insbesondere mit den Bauern, die unter der weltlichen und geistlichen Herrschaft am stärksten zu leiden haben. So zum Beispiel Thomas Müntzer, der versucht, die aufständischen Bauern in den Dienst einer radikalen Verchristlichung der Welt zu stellen. Da der Revolte jedoch die politische und militärische Geschlossenheit fehlt, wird sie bald vernichtend geschlagen. Die Bewegung der sogenannten «Wiedertäufer» (Anabaptisten) eint eine weniger revolutionäre Zielsetzung: Sie wenden sich lediglich gegen die Einheit von

Luther verbrennt öffentlich die Bücher des Kirchenrechts und die päpstliche Bulle. Stich aus den Historien der Heyligen Auserwählten Gottes Zeugen *von Ludwig Rabus (1557).*

Unten: Katharina von Bohra, Ehefrau Luthers. Ausschnitt aus dem Bildnis von Luther und seiner Frau *von Lucas Cranach d. Ä. Florenz, Uffizien.*

Die Pfarrersfamilie. Luther folgt schließlich unwillig dem Beispiel seiner jungen Anhänger und verheiratet sich im Alter von 42 Jahren mit Katharina von Bohra. Er erweist sich als guter Ehemann und vorbildlicher Vater von fünf Kindern. Die moderne Pfarrersfamilie ist entstanden. Im Mittelpunkt der Gemeinde steht nun nicht mehr ein Mann allein, sondern ein Paar, häufig mit mutigen und intelligenten Frauen, die unwillentlich zu Vorkämpferinnen für die Emanzipation werden. Auf die Erziehung und Ausbildung der Kinder wird in den meisten Pfarrersfamilien großer Wert gelegt: Sie wachsen heran mit vielen Büchern, wenig Geld und sind von missionarischem Eifer beseelt. Häufig gehen aus den Pfarrersfamilien bedeutende Frauen und Männer hervor.

Die Vorreiter der Reform, Wyclif und Hus, reichen Luther eine Fackel, die immer größer wird. Rechts ist als Symbol der reformierten Kirche der abgesägte Baum zu sehen, der wieder zu blühen beginnt. Allegorischer Druck aus dem 16. Jahrhundert. Basel, Historisches Museum.

Unten: Eine Amischen-Familie in den USA.

Kirche und Staat. Da die Kirche ihrer Auffassung nach nur aus denjenigen bestehen soll, die sich bewußt und freiwillig zu ihr bekennen, sprechen sie sich gegen die Kinds- und für die Erwachsenentaufe aus. Auch sie werden unbarmherzig verfolgt und in den Flüssen Europas ertränkt. Um sich von den «Umstürzlern» und «Extremisten» abzusetzen, fassen die Lutheraner ihre Glaubensgrundsätze 1529 in einer «feierlichen Erklärung» zusammen (latein.: *protestamur*, von der sich die Bezeichnung Protestanten ableitet). Es gelingt ihnen jedoch nicht, das Mißtrauen von Kaiser Karl V. zu zerstreuen und ihn für die Reformation zu gewinnen. Dafür aber verbreiten sie ihre Ideen innerhalb der germanischen und skandinavischen Völker, indem sie Schulen und Universitäten gründen und kirchliche Musik pflegen. Musikalische Genies wie Bach und Händel haben in den folgenden Jahrhunderten ihre Werke für die lutherische Kirche geschrieben.

Die Reform wird zur Revolution. Während das Luthertum in den Gebieten um die Nordsee einen neuen Typus der «christlichen Zivilisation» schafft, etabliert sich in Mittel- und Westeuropa eine neue Welle von Reformatoren. Anführer dieser zweiten Welle ist ein junger französischer Humanist, der noch nicht einmal zum Priester geweiht ist: Johannes Calvin (1509–1564). Nach seiner Flucht aus Frankreich findet er eine zweite Heimat in der Provinzstadt Genf, das durch ihn zu einem Athen des Protestantismus

Anabaptisten und Mennoniten. Die Anabaptisten wollen vor allem eine «Heilige Gemeinschaft» aus überzeugten Gläubigen schaffen, die Habgier und Gewalt ablehnen. Einer von ihnen versuchte eine von dieser Überzeugung abweichende Rebellion in Münster (1535), die Mehrheit jedoch blieb unter ihrem Anführer Menno Simons dem Pazifismus treu. Auch heute noch ist die mennonitische Kirche stark in der Friedensbewegung engagiert. Die Hälfte der eine Million Mitglieder lebt in den USA und in Kanada, der Rest in der Dritten Welt. Von den Mennoniten stammen die Amischen ab, die für ihr einfaches Leben in der Gemeinschaft bekannt sind und vor allem in den USA leben.

wird. Luthers Ideen faßt er in einem ungewöhnlich klaren und weitsichtigen Buch zusammen: *Die Institution* (das heißt der Unterricht) *der christlichen Religion*. Wie Luther begibt sich Calvin auf die Spuren des heiligen Augustinus, er glaubt also an die Vorsehung, verleiht dieser Doktrin jedoch eine praktische und aktive Interpretation: Du bist von Gott berufen, um seinen Ruhm zu verbreiten, und das muß in der Welt mit der gleichen Ernsthaftigkeit geschehen, mit der der mittelalterliche Mönch seinem Ruf ins Kloster folgte. Die Welt, auf die Calvin blickt, ist eine neuzeitliche, die aus Arbeit, Forschung, Industrie und Fortschritt besteht. Wichtig ist, daß man der eigenen Berufung folgt, täglich Gott gibt, was Gott fordert. Falls es notwendig ist, kann man auch seinen Beruf wechseln; falls ein König sein Amt nicht zur Zurfriedenheit ausübt, kann man ihn wie einen untreuen Diener entlassen. Der ideale Staat ist für Calvin nicht die Monarchie, sondern eine wohlgeordnete Republik.

Im Lauf von fünfzig Jahren erobern Calvins Ideen die halbe Schweiz, halb Ungarn, halb Schottland und in Italien die Waldenser im Piemont. In den Niederlanden werden seine Ideen zur Ideologie für den Unabhängigkeitskrieg gegen den spanischen König. In Frankreich bekennt sich nur eine Minderheit der Bevölkerung, die Hugenotten, dazu. Auch in England fassen die Calvinisten Fuß, die hier «Puritaner» genannt werden. Für ihren Erfolg in England gibt es aber

Calvin in seinem Studierzimmer. *Gemälde eines anonymen französischen Malers aus dem 18. Jahrhundert. Calvin war mehr Wissenschaftler als Mann der Tat und bekannte sich durch eine «spontane Konversion» zum Protestantismus. Danach wurde er von Wilhelm Farel durch moralischen Druck gezwungen, sich in Genf niederzulassen, wo er innerhalb weniger Jahre das unbeugsame Haupt der fortschrittlichsten Reform wurde.*

Die Hugenotten. Der Name leitet sich wahrscheinlich vom schweizerischen «Eidgenossen» ab, wurde jedoch bald für die französischen Calvinisten verwendet. Als Protagonisten der Religionskriege in Frankreich wurden die Hugenotten zunächst toleriert (durch das Edikt von Nantes 1598), zur Zeit Richelieus jedoch ausgegrenzt. Ludwig XIV. versuchte sie ganz zu vertreiben und setzte das Edikt von Nantes 1685 außer Kraft. 300.000 Hugenotten flohen – die meisten emigrierten in das englische Königreich, wo sie einen enormen Beitrag zum wirtschaftlichen und kulturellen Aufstieg leisteten.

Die Bartholomäusnacht auf einem Druck des 18. Jahrhunderts. Paris, Museum des französischen Protestantismus.

noch einen anderen Grund: König Heinrich VIII. entschließt sich, die reformatorischen Bestrebungen für seine eigenen Interessen zu nutzen. Er schafft eine Nationalkirche und verleiht nun sich selbst alle Rechte, die denjenigen der christlichen Kaiser zur Zeit von Theodosius dem Großen und Justinian entsprachen. Er wird zum «Oberhaupt auf Erden» der Kirche von England, die auch «anglikanische Kirche» (1534) genannt wird. Dadurch kann er sich auch von seiner Frau, die ihm nicht den gewünschten männlichen Erben schenkt, scheiden lassen und die schöne Ann Boleyn heiraten. Heinrichs wirkliches Ziel ist jedoch politischer Natur, nämlich die Gründung eines modernen Staates. Er löst alle Klöster auf und vermacht den Erlös der Konfiszierungen den Universitäten von Oxford und Cambridge (und natürlich seinen treuen Gefolgsleuten). Darüber hinaus bleibt England katholisch, und

die «lutherischen» Prediger werden, ebenso wie in Frankreich, Spanien und Italien, gnadenlos dem Scheiterhaufen übergeben. Irland dagegen bleibt dem katholischen Glauben treu, trotz der lange anhaltenden und harten Repression. Nach dem Tod Heinrichs VIII. schwankt die anglikanische Kirche eine Zeitlang zwischen Katholizismus und Protestantismus, wird jedoch schließlich, am Ende der langen Regierungszeit von Elisabeth I. (1558–1603), ihr Gleichgewicht finden: Die Messe wird auf englisch gelesen, Priester können heiraten, die Bischöfe jedoch bleiben, ebenso wie im katholischen und orthodoxen Glauben, der

Der anglikanische «Kompromiß». Im Lauf der anglikanischen Reform wurde eine wunderbare Liturgie ausgearbeitet, das *Book of Common Prayer* (1549–1603) und, etwas später, eine der größten Bibelübersetzungen, die *King James Bible* (1611) angefertigt, die vom Niveau her der Vulgata des Heiligen Hieronymus und der Bibel des Martin Luther ebenbürtig war. Angenommen wurden auch die Glaubensartikel (42 Abschnitte des Glaubensbekenntnisses, die dann auf 39 reduziert wurden). Das *Book of Common Prayer* bleibt jedoch die wichtigste Grundlage für die Entwicklung des anglikanischen Geistes, der stark durch die humanistische Tradition und die christliche Interpretation der platonischen Philosophie geprägt ist. Die Ethik ist dagegen puritanisch-gemäßigt.

«apostolischen Nachfolge» verbunden. Elisabeth wird sich mit dem bescheidenen Titel «Höchste Verwalterin der Kirche auf Erden» begnügen. Eine wunderschöne Liturgie, das *Book of Common Prayer* wird verfaßt und später eine große Bibelübersetzung, die *King James Bible* (1611), die im Niveau der Luther-Übersetzung entspricht. Jeder Versuch, die anglikanische Kirche durch eine andere zu ersetzen, ist zum Scheitern verurteilt. Daraufhin verlassen einige Puritaner ihr Heimatland und gründen an der Küste Nordamerikas Neuengland. 1620 findet die Expedition der *Mayflower* statt. So entstehen mehrere kleine puritanische Republiken, in denen man mit fast religiösem Eifer die Entwicklung von Wissenschaft (die Universitäten von Harvard und Yale) und Industrialisierung vorantreibt. Hundert Jahre später entsteht aus ihnen die größte Nation der Neuzeit – die Vereinigten Staaten von Amerika. Es gibt jedoch auch Puritaner, die in England bleiben und unter ihrem eisernen calvinistischen Anführer Oliver Cromwell zur eigentlichen Revolution der Neuzeit schreiten: Der König wird enthauptet (1649), die Synagogen wiedereröffnet, wunderschöne Gedichte wie John Miltons «Verlorenes Paradies» werden verfaßt. Aber so wird es nicht bleiben. Nach elf Jahren kehrt König Karl II. auf den Thron zurück, und König Jakob II. beschleunigt die Rückkehr zum Katholizismus – dem Garanten für einen «Fortschritt ohne

Puritaner im Innenhof der Kathedrale von Saint Paul in London. Gemälde, um 1620 entstanden.

Unten: Puritaner schiffen sich auf der Mayflower *nach Amerika ein. Gemälde von Adam van Breen. London, Terry Engell Gallery.*

Die Quäker. Eine im 17. Jahrhundert in England aus der protestantischen Reform entstandene Religionsgemeinschaft, die nicht nur die Staatskirche, sondern sogar eine dogmatische Lehre ablehnt, weil sie davon überzeugt ist, daß jeder Mensch durch die mystische Erfahrung des «inneren Lichts» von Gott erleuchtet wird. Die in England verfolgten Quäker (wörtlich die «Zitterer») folgten 1683 ihrem Anführer, William Penn, nach Amerika und gründeten dort die Kolonie Pennsylvania.

Der heilige Ignatius von Loyola empfängt die Ordensbulle der Jesuiten von Papst Paul III. Ausschnitt eines Gemäldes von Juan Leal Valdés (1622–1690). Sevilla, Museum der Schönen Künste.

Abenteuer», eine Modernität ohne Exzesse. Aber nun geschieht das Niedagewesene: 1688 entläßt England seinen König und wählt sich einen neuen, das heißt eigentlich zwei: Maria, die Tochter des entlassenen Königs, und ihren Mann, Wilhelm III. von Oranien. Maria und Wilhelm sind nun nicht mehr König und Königin von göttlichem Recht, sondern wurden vom Parlament ernannt. Die liberale Welt ist entstanden – legitimes, unternehmungsfreudiges Kind der protestantischen Reform. Auf dem Schiff, das Wilhelm und Maria nach England bringt, weht die Fahne mit den Worten: «Für die protestantische Religion. Für das freie Parlament.»

Die Gegenreformation

Die protestantischen Reformbestrebungen konnten natürlich nicht ohne Wirkung auf die Katholiken bleiben. Auf die ersten Anzeichen der Herausforderung Luthers hat sich zuerst in Italien und dann in Spanien eine machtvolle Reaktion herangebildet. Große Persönlichkeiten, zuerst der heilige Filippo Neri und später der heilige Carlo Borromeo, reformieren die traditionelle Form der katholischen Andacht und animieren die Gläubigen, inmitten des Volkes zu wirken und den Enterbten zu Hilfe zu eilen. Ferner fordern sie Päpste und Bischöfe dazu auf, den skandalösen Lebenswandel aufzugeben, durch den die Reform Luthers in gewisser Weise eine Rechtfertigung erhielt. Noch stärker blüht der Katholizismus in Spanien wieder auf. Das 16. Jahrhundert ist die Zeit der großen spanischen Mystiker, der Heiligen Teresa von Avila und des heiligen Johannes vom Kreuz. Es ist jedoch auch das Jahrhundert des heiligen Ignatius von Loyola, des Begründers des Jesuitenordens. Dieser ehemalige

Der protestantische Liberalismus. Zu den großen Unterstützern des königlichen Ehepaares Wilhelm und Maria gehört John Locke, der erste liberale Philosoph anglikanischen Glaubens. Auch Isaac Newton ist ein aufmerksamer Leser der Apokalypse, hat jedoch Schwierigkeiten mit den Dogmen der Frühkirche (die Dreifaltigkeit, die Vorsehung). Im allgemeinen schätzen die Protestanten die Dogmen nicht und konzentrieren sich lieber auf die Moral, auf das praktische Leben. Im Umfeld des liberalen Protestantismus entsteht die Geheimgesellschaft der Freimaurer, die an einen übergeordneten «Baumeister des Universums» sowie an die Förderung von Freiheit und Fortschritt glaubt.

Soldat organisiert seine Adepten wie eine Miliz zur Verteidigung des Papstes und der katholischen Kirche, verlangt jedoch auch ein vertieftes spirituelles Leben von ihnen. Den Jesuiten gelingt es bald, halb Deutschland und ganz Polen für den katholischen Glauben zurückzuerobern und Europa mit Kollegien, Schulen und Bibliotheken zu übersäen. Jesuiten werden zu Ratgebern der Fürsten und Herrscher in aller Welt.

Diese außerordentliche Wiederbelebung katholischer Energien besitzt jedoch auch eine repressive Seite: 1542 wird die Inquisition neu organisiert, und die protestantischen Gläubigen in Italien, Spanien und Polen werden gnadenlos vertrieben. 1564 wird der Index der verbotenen Bücher erlassen. Die Juden werden auf Verfügung des Papstes in Ghettos eingeschlossen. Diese rigorose katholische Erneuerung wird vom Konzil von Trient (1542–1563) sanktioniert. Das Konzil bestätigt die gesamte katholische Tradition, verpflichtet sich zu einer ernsthaften moralischen Reform der Kirche und des Klerus. Die Protestanten werden verurteilt, was dazu führt, daß die katholische Reform den nicht ganz treffenden Begriff der Gegenreformation annimmt.

Ein Jahrhundert lang wird der Kampf zwischen Reformation und Gegenreformation außerordentlich heftig ausgetragen. Es ist die Epoche der Religionskriege. Die großen Päpste dieser Zeit waren Paul III., Paul IV. und Pius V. Unter den Politikern hat sich der spanische König Philipp II. am

Das Konzil von Trient (1545–1563). Ausschnitt aus einem Gemälde der venezianischen Schule (16. Jh.). Paris, Louvre.

Die Verbreitung des katholischen Glaubens und seiner Kultur. Zu den größten Leistungen der Jesuiten (und auch anderer reformierter Orden) gehört die erfolgreiche Missionierung der spanischen und portugiesischen Kolonialreiche: Die Bewohner von Mexiko, Peru und den Philippinischen Inseln werden durch sie zum katholischen Glauben bekehrt, zu dem sich die Bevölkerung noch heute mehrheitlich bekennt. Jesuiten wie Matteo Ricci gelangten bis nach China. In jüngerer Zeit hat der heilige Francesco Saverio Kontakt zu den großen asiatischen Völkern aufgenommen (Indien, Japan), bis zu denen das Christentum noch nicht vorgedrungen war. Überall haben die Jesuiten den Dialog und den Austausch mit den fremden Kulturen zur Grundlage ihrer Missionstätigkeit gemacht.

Eine Kirche in Guanajuapo, Mexiko.

umfänglichsten mit den Idealen der Gegenreformation identifiziert. Aber auch ihm, der die halbe Welt regiert, gelingt es nicht, die rebellischen Calvinisten in den Niederlanden zu unterwerfen, und auch seine «unbezwingbare Armada» scheitert 1588 beim Versuch, England für den katholischen Glauben zurückzugewinnen. Nach der Regierungszeit Philipps II. geht Spanien rasch seinem Niedergang entgegen, und im 17. Jahrhundert wird das Frankreich Richelieus, Mazarins und vor allem Ludwigs XIV. die größte katholische Nation Europas sein. Aber auch den Franzosen gelingt es weder, die calvinistische Minderheit endgültig zu zerschlagen, noch das England Wilhelms III. siegreich zu unterwerfen. Im Gegenteil, im Jahr 1713 wird Frankreich selbst besiegt. Die Gegenreformation ist beendet.

Ein neues westliches Imperium. Die moderne Geschichte des Abendlandes ist durch zwei unterschiedliche Entwicklungsstränge gekennzeichnet: Auf der einen Seite nimmt die englischsprachige Welt, die durch einen liberalen und protestantischen Geist geprägt ist, einen schwindelerregenden Aufstieg. Lange Zeit ist England das Zentrum dieses Imperiums, aber allmählich verlagert sich der Schwerpunkt auf die andere Seite des Ozeans. Die Prinzipien dieser sich neu formierenden Welt sind: wirtschaftliche, politische und religiöse Freiheit. Mit der stärkeren Loslösung von England haben die Amerikaner auch neue Formen der Zugehörigkeit zum Christentum

Blaise Pascal. Bedeutender Mathematiker und Philosoph (1623–1662). Nach einer tiefen religiösen Krise hatte er sich der jansenitisch orientierten Gruppe von Port Royal angeschlossen, die den Jesuiten Opportunismus vorwarf. Mit seinen *Briefen aus der Provinz* beteiligte sich Pascal an dieser polemischen Debatte. Die von ihm geplante Schrift zur Verteidigung des Christentums konnte er wegen einer Krankheit nur noch bruchstückhaft ausführen. Pascal liefert den logischen Beweis für die Unzulänglichkeit der Vernunft in Glaubensfragen, die nur dem Herz zugänglich sind. Berühmt sind seine Sätze: «Das Herz hat Gründe, die der Verstand nicht kennt» und «Der Mensch ist nur ein Schilfrohr im Wind, aber es ist ein denkendes Schilfrohr, und deshalb ist er größer».

entwickelt. Der Methodismus, der sich aus einer in England entstandenen Erneuerungs- und Erweckungsbewegung entwickelte, fand hier große Verbreitung. Die Anhänger dieser Lehre predigten ihre Ideen auch außerhalb von Kirchen auf Straßen und Plätzen und erreichten so die Herzen vieler Menschen, die sich der Bewegung anschlossen. Viele Amerikaner traten auch in Glaubensgemeinschaften ein, die denen der frühen Anabaptisten verwandt sind und die die Kindstaufe ablehnen. Die baptistischen Kirchen, die keine innerkirchliche Hierarchie kennen, wurden und werden wegen ihrer demokratischen Struktur vielfach von den Armen und Schwarzen bevorzugt. In Amerika sind die Kirchen vom Staat getrennt. Doch was von außen wie eine laizistische Bewegung aussieht, wird von einem hohen moralischen Anspruch begleitet, der bis heute für die amerikanische Demokratie prägend ist.

Die Kremlkirche in Moskau, erbaut zu Beginn des 15. Jahrhunderts.

Unten: Eine Kirche in Vermont (USA).

Europa dagegen ist vom 18. bis zum 19. Jahrhundert ein Schauplatz der Revolutionen, die immer stark laizistisch geprägt und manchmal sogar stark antireligiös sind. An erster Stelle ist die katholische Kirche davon betroffen. Ausgerechnet Frankreich, die «älteste Tochter» der Kirche, huldigt nun der «Göttin Vernunft» und stürzt sich in die gewagtesten politischen Abenteuer. Die Kirche muß mitansehen, wie sich Italien unter der Führung einer liberalen Aristokratie vereint, die rücksichtslos auch die Privilegien und Rechte der Kirche beschneidet. Pius IX. antwortet auf diese laizistische und liberale Welle mit zwei Dogmen:

Die Adventisten. Die christlich-adventistische Kirche des Siebten Tages, 1843 in den USA gegründet und von Ellen Gould White neu organisiert, ist weltweit verbreitet und zählt neun Millionen getaufte, erwachsene Gläubige. Die Adventisten leben in Erwartung der Rückkehr des lebendigen Christus (der zweite Advent), stiften zehn Prozent ihres Einkommens für religiöse und soziale Zwecke, rauchen und trinken nicht und achten den Samstag (nach dem Text der Zehn Gebote).

Die Zeugen Jehovas. Sie sind aus einer Abspaltung von den Adventisten hervorgegangen und 1848 in den USA entstanden. Sie lehnen das Dogma der Dreifaltigkeit ab und pflegen Spekulationen über das Weltende.

Der Lutheraner Pastor Dietrich Bonhoeffer (1906–1945). Der junge, engagierte Theologe bekämpfte den Antisemitismus und nahm später am Widerstand gegen das Hitler-Regime teil. Im Gefängnis schrieb er seine wunderbaren Briefe. *Wenige Tage vor dem Ende des 2. Weltkriegs starb er durch Erhängen.*

1854 verkündet er das Dogma von der unbefleckten Empfängnis und 1870 das von der Unfehlbarkeit des Papstes. Mit dem ersten Dogma zielt der Papst auf die angeborene Religiosität der Massen; das zweite soll – allen relativistischen und laizistischen Tendenzen zum Trotz – die Unversehrtheit der Kirche bestätigen.

Im 20. Jahrhundert muß sich die orthodoxe Kirche mit dem radikalsten Phänomen der Revolution auseinandersetzen: mit dem Kommunismus. Zuvor hatte sich die orthodoxe Kirche nach und nach von den Schlägen der türkischen und mongolischen Einfälle erholt und das spektakuläre Wachstum des russischen Imperiums erlebt. Fast alle großen russischen Schriftsteller des 19. Jahrhunderts waren Anhänger der orthodoxen Tradition. Aber 1917 macht die Revolution all dies zunichte, und die orthodoxe Kirche hat unter schweren Repressionen zu leiden. Doch das Feuer glimmt unter der Asche weiter: Die größten Schriftsteller der sowjetischen Epoche (Bulgakov, Pasternak) sind Christen, einige, Solschenizijn zum Beispiel, haben sich im Gulag zum Glauben bekehrt. Seit dem Zerfall der Sowjetunion (1991) hat die orthodoxe Kirche wieder die Chance, zu einer zentralen Kraft im Leben des russischen Volkes zu werden.

Unklarer in ihren Ausmaßen, aber nicht minder schwerwiegend, sind die Schäden, die der Kirche durch die faschistischen Regime in Westeuropa zugefügt worden sind. Während die «offiziellen Kirchen» häufig mit den Diktatoren paktierten, erlitten viele Gläubige das Martyrium – so zum Beispiel der Lutheraner Dietrich Bonhoeffer und der Katholik Maximilian Kolbe. Durchaus vergleichbar mit ihnen ist Martin Luther King, der Held und Märtyrer für die Bürgerrechte der schwarzen Bevölkerung Amerikas.

Die altkatholischen Kirchen. Die Verkündigung des Dogmas von der Unfehlbarkeit des Papstes rief eine lebhafte Diskussion innerhalb der katholischen Glaubensgemeinschaften hervor. Viele vertraten die Ansicht, daß dieses Dogma eine nicht legitime Erneuerung der antiken christlichen Tradition sei: Einige Gläubige gründeten nun eine unabhängige Kirche mit der Bezeichnung «altkatholisch», die sich an der Theologie der Kirchenväter der ersten Jahrhunderte orientiert. Diese Kirche entwickelte sich dann in Richtung der anglikanischen Kirche, was das Episkopat und die traditionellen Riten anbetrifft. Später öffnete sie sich allmählich für das synodale System, die Priesterehe und – in jüngster Zeit – auch gegenüber dem weiblichen Priestertum. Die Altkatholiken zählen etwa eine halbe

Das 20. Jahrhundert erschüttert die Kirche in ihren Grundfesten. Nicht zuletzt deshalb wird es das Jahrhundert der ökumenischen Bewegung. Sie entsteht 1902 auf Initiative des orthodoxen Patriarchen von Konstantinopel und erhält wesentliche Impulse durch die Internationale Missionsbewegung. 1948 wird der Ökumenische Rat der Kirchen gegründet, dem von 1961 an alle großen protestantischen und orthodoxen Kirchen angehören. Zwischen 1963 und 1965 wird mit dem II. Vatikanischen Konzil eine epochale Wende in der Geschichte der katholischen Kirche eingeleitet. Papst Johannes XXIII. spricht von der Notwendigkeit, das Leben und die Lehre der Kirche zu erneuern. Diese Erneuerung schließt auch die Öffnung gegenüber den nichtchristlichen Konfessionen mit ein: Die Verurteilung der jüdischen Religion wird aufgehoben und ein universeller Dialog in Aussicht gestellt.

Das 20. Jahrhundert ist auch eine Zeit großer theologischer Vitalität: Karl Barth, Rudolf Bultmann, Paul Tillich und Reinhard Niebuhr haben die protestantische Theologie in Europa und in den USA radikal verändert. In Südamerika entstand die Befreiungstheologie, die vor allem auf katholische Priester (Gustavo Gutierrez, Cloris und Leonardo Boff) zurückging, und in den Vereinigten Staaten entwickelte sich eine feministische Theologie (Rosemarie Radford Ruether, Elisabeth Schüssler Fiorenza). Noch immer bestehen zwischen den einzelnen christlichen Kirchen zahllose Differenzen, aber es handelt sich dabei nicht mehr um «antagonistische Widersprüche». Die Kirchen sind aufgefordert, sich mit einer Welt auseinanderzusetzen, in der mündige Menschen leben, die – faszinierter denn je – die Antwort auf das Rätsel des menschlichen Daseins suchen.

Die von den Spaniern 1544 erbaute katholische Kirche in Mexico-City war eine der ersten großen Kirchen in Lateinamerika.

Unten: Messe im Freien während einer Pilgerreise am Karfreitag in Polen.

Million Mitglieder (einschließlich der «nationalen polnischen Kirche», die vor allem in den USA verbreitet ist). Eine besondere altkatholische Kirche ist die «unabhängige philippinische Kirche», die über 3.500.000 Mitglieder zählt.

Maximilian Kolbe. Der polnische Priester war in einem deutschen Konzentrationslager interniert. Er bat darum, anstelle eines Familienvaters an Hunger und Durst zu sterben. Während er starb, blickte er seinen Mördern in die Augen (14. August 1941).

DNI: FIAT LVMINAR

Das Christentum in Bildern

Seite 60–61: Die Erschaffung des Himmels. Ausschnitt des Mosaiks in der Kuppel der Genesis *(13. Jh.). Venedig, St.-Markus-Basilika.*

Die Krippe, *Fra' Angelico (1387–1455). Florenz, Museo di San Marco.*

Die szenische oder bildliche Darstellung von der Krippe, die die Menschwerdung Jesu versinnbildlicht, wurde erstmals im Mittelalter populär, besonders der heilige Franziskus schätzte sie sehr. Meistens sind die Heiligen Drei Könige und die Hirten zu sehen, die den neugeborenen Jesus anbeten, sowie Maria, Josef, das Rind und der Esel.

Rechte Seite: Die Bergpredigt, *Fra' Angelico. Florenz, Museo di San Marco.*

Die Bergpredigt ist zusammen mit den Seligpreisungen Jesu in den Kapiteln 5–7 des Matthäus-Evangeliums enthalten. Hier sind die Grundlagen der christlichen Ethik formuliert, in der sich Strenge und Barmherzigkeit miteinander verbinden. Der Gläubige soll sich der Gnade Gottes anvertrauen und sein Leben in den Dienst einer tätigen Nächstenliebe stellen.

Seite 64–65: Das letzte Abendmahl, *Fresko von Leonardo da Vinci (1452–1519). Mailand, Santa Maria delle Grazie.*

Die Dreifaltigkeit, *Fresko von Masaccio (1401–1427). Florenz, Santa Maria Novella.*

Rechte Seite: Mittlerer Teil des Auferstehungstriptychons *von Rogier van der Weyden (1399-ca. 1464) mit der Kreuzigung; im Säulengang befinden sich Episoden aus dem Leben Jesu; seitlich sind Darstellungen der Sakramente zu sehen. Madrid, Museo del Prado.*

Die Gedanken und das Gebet aller großen christlichen Kirchen befassen sich mit zwei wesentlichen Fragestellungen: Was bedeuten der Tod Christi und das Geheimnis der Dreifaltigkeit? Die Kreuzigung Jesu steht daher im Zentrum von unzähligen – und wunderschönen – künstlerischen Darstellungen. Zu den Begrifflichkeiten, die am schwierigsten zu fassen sind, gehört der Begriff der Dreifaltigkeit (Trinität). Er ist die Grundlage für die Vorstellung, daß sich in Gott drei Seinsweisen vereinigen: Gott ist die Quelle jeder Wirklichkeit (der Vater als Schöpfer), Gott ist die Liebe (der Sohn als Erlöser), und Gott ist Führer und Inspiration (der Heilige Geist).

R. Vander Weyden
1400+1464

Ausschnitt der Grablegung *(ca. 1435) von Rogier van der Weyden. Madrid, Museo del Prado.*

Die Meditation über den Tod Christi war für Millionen von Christen von besonderer Bedeutung. Die Grablegung war daher häufig Thema der künstlerischen Darstellung. Diese drückt die Gefühle der Gläubigen beim Tod Christi aus, der real und nicht nur scheinbar war. Gleichzeitig spielt sie darauf an, daß dieser schmerzhafte und demütigende Tod nichts weiter als ein kurzer Abschnitt auf dem Weg ist, der über das Begräbnis zum Licht der Auferstehung führt.

Madonna in Maestà, *Giotto, ca. 1310 entstanden. Florenz, Uffizien.*

Rechte Seite: Die Jungfrau mit der Milchtasse, *David Gerard (1450–ca. 1523). Brüssel, Musées Royaux des Beaux-Arts.*

Neben dem Mysterium des Kreuzes und dem Dogma der Dreifaltigkeit ist auch der Begriff der Menschwerdung grundlegend für den christlichen Gedanken. In Jesus ist die göttliche Transzendenz voll und ganz in der Menschheitsgeschichte gegenwärtig. Diese Präsenz hat ihren Gipfel am Kreuz und bei der Wiederauferstehung, ist jedoch im Augenblick der Geburt bereits vorhanden, sogar bereits als Jesus empfangen wird. Im Glaubensbekenntnis wird ausgesprochen, daß Jesus «von der Jungfrau Maria geboren» ist. In den katholischen und orthodoxen Kirchen gibt es daher zahlreiche Bilder der Jungfrau (oder Madonna) mit dem Kind, die auch ein wichtiger Bestandteil der Marienverehrung sind.

Kirche der Transfiguration auf dem Berg Tabor (Galiläa).

Rechte Seite: Innenansicht der Basilika der heiligen Grablegung in Jerusalem.

«Nach sechs Tagen nahm Jesus den Petrus Jakobus und dessen Bruder Johannes mit sich und führte sie abseits auf einen hohen Berg. Da wurde er vor ihnen verwandelt; sein Angesicht glänzte wie die Sonne, seine Kleider aber wurden leuchtend hell wie das Licht. Und siehe, es erschienen ihnen Moses und Elias, die mit ihm redeten. Petrus nahm das Wort und sagte zu Jesus: Herr, es ist gut, daß wir hier sind. [...] Als er noch redete, überschattete sie eine lichte Wolke, und siehe, eine Stimme sprach aus der Wolke: Dieser ist mein geliebter Sohn, an dem ich Wohlgefallen fand; auf ihn sollt ihr hören!» (Matthäus 17, 1–7).

Innenansicht der Basilika von Sant' Apollinare Nuovo (6.–10. Jh.). Ravenna. Über dem Säulengang befindet sich die Mosaikausschmückung mit den heiligen Märtyrern.

Das Wort Basilika bedeutet königlich und wurde verwendet, um große romanische Gebäude, die für die Öffentlichkeit bestimmt waren, zu bezeichnen. Der Name wurde nach der Christianisierung des römischen Imperiums für die großen, neu erbauten Kirchen verwendet. Die kirchliche Architektur entwickelte sich zunächst unter dem Einfluß der byzantinischen Kultur. Zeugnisse sind die Basiliken von Ravenna (Sant' Apollinare in Classe, Sant' Apollinare Nuovo), die im 6. Jahrhundert entstanden. Ravenna (wie die ganze Romagna) stand zu dieser Zeit unter byzantinischer Herrschaft.

Seite 76: Innenansicht der Sainte-Chapelle (1246–48), Paris. Merkmal der gotischen Kathedralen ist der Spitzbogen, der auf wunderbare Weise die nach oben gerichtete Spiritualität der mittelalterlichen Geisteswelt ausdrückt.

Seite 77: Innenansicht der Kirche Santa Maria Novella (13.–14. Jh.), Florenz.

Franziskaner bei einer Prozession im Kloster von Monte Verna.

Linke Seite: Das Oratorium von San Francesco in der heiligen Höhle von Narni (Umbrien), einer Einsiedelei, die wahrscheinlich vom heiligen Franziskus 1213 begründet wurde.

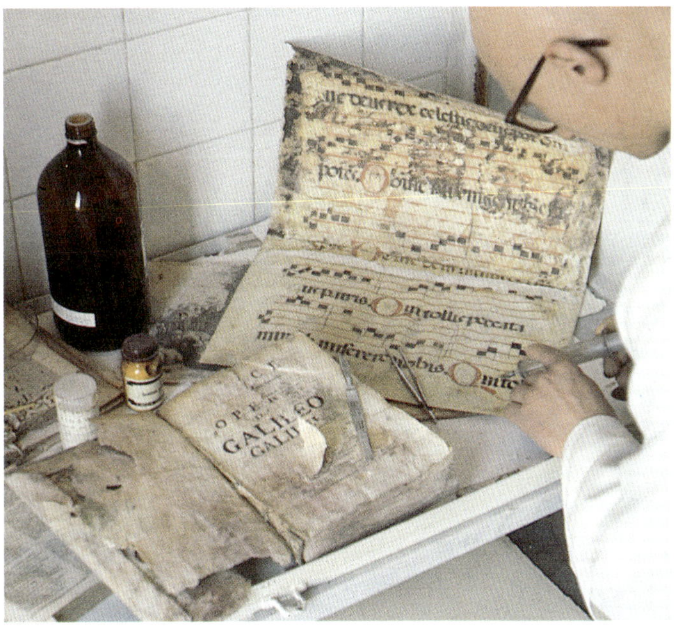

Dominikanermönch in einem irischen Kloster.

Links: Ein Benediktiner bei der Restaurierung von alten Handschriften.

Ikone mit der Dreifaltigkeit, von Andrej Rubljow (1360–1430). Moskau, Staatliche Tretjakow-Galerie. In der orthodoxen Tradition wird die Dreifaltigkeit häufig durch drei Engel dargestellt. Die heiligen Ikonendarstellungen spielen eine wichtige Rolle bei der Kommunikation des göttlichen Mysteriums.

Rechte Seite: Messe in der orthodoxen Kirche in Paris. Eine ganze Wand, die Ikonostase, ist mit Ikonen bedeckt und trennt den für die Gläubigen sichtbaren Teil von dem Bereich ab, der nur für Priester zugänglich ist.

«Die Ikone ist ein Fenster, das sich auf Gott öffnet, in der wir die Sonne ohne Angst um das Augenlicht betrachten können […] In der Ikone wird ein Raum geschaffen, in dem die Begegnung mit Gott möglich ist.» (aus: Anna Peiretti, Da Pregare con le icone*)*

ХВ

Das Refektorium eines Klosters.

Linke und rechte Seite: Klöster vom Berg Athos (Griechenland).

Ansichten aus einem Kloster: das Refektorium (oben) und Handarbeit.

Frauenorden waren in der Geschichte des Christentums von außerordentlicher Bedeutung, zum Teil auch für die orthodoxe Kirche, was die Entwicklung des spirituellen Lebens und die soziale, erzieherische und missionarische Tätigkeit anbetrifft. Nonnen, die in Klausur leben, widmen sich ganz dem Gebet ohne Kontakt zur Außenwelt.

Nonnen in einem orthodoxen Kloster in Estland.

Links: Nonnen bei der Arbeit in einer katholischen Buchhandlung in Mailand.

Nach dem II. Vatikanischen Konzil haben sich neue Gedanken in der klösterlichen Welt verbreitet, die dazu führten, daß Nonnen stärker in die Welt hinaustraten.

Seite 86–87: Kult in einer presbyterianischen Kirche in den USA.

Eine Gruppe von Chorsängern bereitet sich in einer amerikanischen protestantischen Kirche auf die Kulthandlungen vor.

Unten: Lutherische Pastorin vollzieht eine Trauung in einer finnischen Kirche.

Linke Seite: Innenansicht der protestantischen Kirche von Saint Paul in Wellington (Neuseeland).

In den protestantischen Kirchen ist das Ritual viel weniger ausgearbeitet als in den katholischen und orthodoxen Kirchen. Große Bedeutung kommt dem Gesang der Psalmen und der religiösen Hymnen zu, die auf die unterschiedlichste Weise vertont wurden – von der deutschen Klassik über die amerikanische Spiritualtradition bis hin zu Kompositionen der Gegenwart. Das Bilderverbot hat die Entwicklung der darstellenden Künste behindert. Auf dem Gebiet der Architektur haben sich die Protestanten jedoch stark mit der Gotik identifiziert, so daß man in der angelsächsischen Welt viele neogotische Kirchen finden kann. Eine wichtige liturgische Innovation war die Einführung des weiblichen Pastorentums. Sie geschah zuerst in den protestantischen, danach in den anglikanischen Kirchen. Die Anwesenheit einer Frau im Mittelpunkt des Kults verändert den Begriff der Gemeinschaft grundlegend, indem durch sie der Akzent von der autoritären Paternität auf eine Brüderlichkeit oder Schwesterlichkeit verschoben wird, die tendenziell von der Gleichheit ausgeht.

Ansicht der Bischofssynode in der Basilika von Sankt Peter im Vatikan.

Rechte Seite: Ein feierlicher Moment bei der Ernennung neuer Bischöfe, die unter dem Bronzebaldachin des Altars von Bernini (1624–1633) im Petersdom stattfindet. Mittelpunkt der katholischen Kirche ist die Basilika von Sankt Peter. Sie wurde der Überlieferung zufolge an der Stelle errichtet, an der der Apostel zur Zeit Neros das Martyrium erlitt. In dieser Kirche finden die feierlichsten Momente des Katholizismus statt, denen normalerweise der Papst vorsteht.

Unterricht in Ikonenmalerei in einer orthodoxen Gemeinschaft in Paris.

Rechts: Eine Nonne beaufsichtigt die Hausaufgaben eines Mädchens. Mailand, Oratorium von Sant' Ambrogio.

Eine Vorlesung an der katholischen Gregorianischen Universität, Città del Vaticano.

Links: Lesesaal der Bibliothek der Gregorianischen Universität.

Die Kultur war immer von großer Bedeutung im Leben der christlichen Kirchen. Das galt sowohl für das Kunstschaffen als auch für die Verbreitung von Bildung (vor allem bei den Protestanten).

Karfreitags-Prozession auf dem St.-Peters-Platz.

Osterfest vor einer protestantischen Kirche in den Vereinigten Staaten.

Geistige Sammlung im Gebet im Eremo delle Carceri in Assisi.

Rechte Seite: Junge Leute bei der Meditation im Kloster Spello (Umbrien). In einer säkularisierten Zeit wie der unseren gibt es eine gewisse Anzahl junger Leute, die sich der Vertiefung des spirituellen Lebens widmen. Das traditionelle Christentum als Kraft der Zivilisation wird immer mehr zum Anliegen einer Minderheit, die bewußt und engagiert nach Gott sucht.

Die Doktrin und der Kult

Seite 98–99: Pilgerfahrt nach Dieghem. *Charles Degroux (1825–1870). Tournai, Musées des Beaux-Arts.*

Die Taufe Christi. *Ausschnitt des Freskos von Giotto (1266–1336). Padua, Arena-Kapelle.*

Die zentrale Gestalt des Christentums ist ein mächtiger und barmherziger Gott, der in die Geschichte eintritt, um die verlorene und korrumpierte Menschheit von der Erbsünde zu erlösen und ihr, nach dem Tod und der Wiederauferstehung, das ewige Leben zu geben. Im Alten und im Neuen Testament tauchen mehrere Gestalten mit dem Namen Jesus auf (auf hebräisch: Jeschua oder Josua «Jahwe ist Heil»). Christus stammt jedoch aus dem Griechischen und bedeutet «gesalbt» (vom Herrn), was dem hebräischen Wort «Messias» entspricht. Und Messias ist im Alten Testament auch die Bezeichnung für den seit langem erwarteten Heilsbringer und Erlöser, der von Gott gesandt werden wird, um ein Reich der Gerechtigkeit und des Friedens zu errichten. Die Juden, die an die Predigt des Evangeliums glauben, erkennen in Jesus von Nazareth den Messias, für alle anderen – die Mehrheit – bleibt er auf unbestimmte Zeit eine eschatologische Erwartung. Dieser «andere» Messias wird folglich der göttliche Abgesandte der Endzeit und der sichtbare König im Reich Gottes auf der Erde sein.

Dem Evangelium zufolge erhält der erste Sohn der Jungfrau Maria von Nazareth den Namen Jesus. Den Auftrag, das Kind so zu nennen, hatte Josef, ihr Mann, von einem Engel erhalten, der ihm im Traum verkündet hatte, daß der Neugeborene das Volk von seinen Sünden befreien werde. Im Gegensatz zu anderen Errettern der Frühzeit wird Jesus in der Überlieferung nicht als eine mythische und rein symbolische Gestalt dargestellt, sondern als eine historisch wirkliche Persönlichkeit beschrieben. Das wenige, das wir über seine irdische Existenz wissen, stammt fast ausschließlich aus den Evangelien. Die ganz wenigen nichtchristlichen Texte (Sueton, Tacitus, Josephus Flavius), die Jesus erwähnen, sagen nichts über seine Person aus. Die Evangelien selbst sind ziemlich knapp, da es ihnen nicht um biographische Einzelheiten ging, sondern vielmehr darum, den Glauben an Jesus, den Messias Israels und Erlöser der Welt, zu wecken. Von den vier kanonischen Evangelien spielen nur *Matthäus* und *Lukas* auf die Kindheit Jesu an, jedoch ohne das genaue Datum seiner Geburt (weder Tag noch Jahr) anzugeben. Die Evangelisten stimmen darin überein, daß die Taufe, die Jesus im Wasser des Jordan durch Johannes den Täufer erhält, den Beginn seines öffentlichen Lebens markiert. Markus, der als ältester Evangelist gilt, hebt vor allem seine Wunder hervor, während Matthäus und Lukas vor allem seine Lehren und Gleichnisse überliefern. Johannes unterscheidet sich von den ersten drei. Er setzt

Die Geburt Jesu. Jesus wurde wahrscheinlich zwischen 747 und 748 nach der Gründung Roms geboren, das heißt zwischen dem Jahr 7 und 6 v. Chr. Das Jahr seiner Geburt – das Jahr 0 – wurde fälschlicherweise mit 753 nach der Gründung Roms festgesetzt.

Die Dreifaltigkeit. Für dieses komplexe Mysterium gibt es Analogien im Orient: die Hindu-Trinität der Götter Brahma, Wischnu und Schiwa und die «Heilige Familie» der Ägypter (Isis, Osiris, Horos). Im Unterschied zu diesen Vorstellungen bekräftigt die christliche Dreifaltigkeit aber die essentielle göttliche Einheit: *non in unius singularitate personae, sed in unius trinitate substantiae* (nicht in der Einzigartigkeit einer einzigen Person, sondern in der Dreieinigkeit einer einzigen Substanz), wie es bei Thomas von Aquin heißt.

Kreuzigung, *Fresko von Giotto. Padua, Arena-Kapelle.*

Links: Die Gefangennahme Jesu. *Fresko von Giotto (1303–1306). Padua, Arena-Kapelle.*

Jesus mit dem *Logos* gleich, dem göttlichen Wort, das bereits auf der Welt existiert, sie erleuchtet und leitet. Im Mittelpunkt aller vier Evangelien steht jedoch die Erlösermission Christi, die ihren historischen und symbolischen Höhepunkt in der Schilderung der Passion und der Wiederauferstehung findet. Mehrfach wird Jesus in den Evangelien als Menschensohn bezeichnet, ein Ausdruck, der auch in einem prophetischen Buch des Alten Testaments (Daniel 7, 13-14) verwendet wird. Auch der Menschensohn bezeichnet die eschatologische Gestalt, die ruhmreich am Ende der Zeiten wiederkehren und auf dem Thron rechts neben dem Vater Platz nehmen wird, um die Lebenden und die Toten zu richten. In den Kapiteln 5–7 des Matthäus-Evangeliums (der sogenannten Bergpredigt) sind die wichtigsten Aussprüche Jesu enthalten: Er ruft zum Frieden auf, zur Vergebung, zum Vertrauen, zur Verachtung des Reichtums, zur rückhaltlosen Aufrichtigkeit. In diesen Worten zeigt sich Jesus als Meister von etwas absolut Neuem: Er ist derjenige, der das Tor zum Reich Gottes öffnet. Paulus wird ihn den «zweiten Adam» und «neuen Menschen» nennen, denn er ist der Stammesführer aller der Menschen, die durch ihn erlöst wurden. Er ist der göttliche Befreier, dessen Macht sich daran erkennen läßt, daß die Ewigkeit durch ihn in die Geschichte einbricht.

Die Wunder. «Als es Abend wurde, brachten sie viele Besessene zu Jesus. Mit seinen Worten vertrieb er die bösen Geister und heilte alle Kranken. So bewahrheitete sich das, was Gott durch den Propheten Jesaja verkündet hatte: Er hat alle unsere Schwachheit auf sich genommen, hat all unser Leid auf sich geladen» (Matthäus 8, 16–17). Die Evangelisten erzählen von den Wundern Jesu, die Beweis für die Barmherzigkeit Gottes sind. Das Wunder besteht aus der physischen Heilung und der Vergebung der Sünden.

Unten: Die Wiedererweckung des Lazarus. *Fresko von Giotto (1309). Padua, Arena-Kapelle.*

Alle Christen glauben an die göttliche Eingebung der jüdischen Bibel. Darüber hinaus erkennen die Christen die Bücher des Neuen Testaments an (die Evangelien, die Apostelgeschichte, die Briefe des Paulus und anderer Apostel, die Apokalypse oder die Offenbarung des Johannes). Das Alte Testament besteht aus den heiligen jüdischen Büchern. Das Neue Testament besteht aus den heiligen christlichen Büchern, die uns auf griechisch überliefert sind, da das aramäische Original, in der Sprache Christi, verlorenging. Das Alte Testament besteht vor allem aus dem sogenannten Pentateuch, das heißt den ersten fünf Büchern Moses (Genesis, Exodus, Leviticus, Numeri, Deuteronomium). Der Pentateuch wird in der jüdischen Religion «Tora» genannt. Dann folgen die «historischen Bücher» (Josua, Richter, Samuel I, Samuel II, Könige I, Könige II, Chronik I, Chronik II), die die Geschichte des erwählten Volkes Israel erzählen. Es folgen die Bücher der kleineren und größeren Propheten (Jesaja, Jeremia, Ezechiel, Daniel, Hosea, Joel, Daniel, Amos, Obadja, Jona, Micha, Nahum, Habakuk, Zefanja, Haggai, Sacharja und Maleachi). Schließlich gibt es noch eine Reihe von Büchern verschiedenen Charakters: Die Bücher Esdra und Nehemia (eine Fortsetzung der Chroniken); die Bücher Rut, Ester und Hiob; die 150 Psalmen, die König David zugeschrieben werden; Hymnen, das Hohelied und Ecclesiastes. Die Gesamtheit dieser Bücher, die in verschiedenen Epochen entstanden und sicher von verschiede-

Szene aus dem Leben des Königs Salomon, Miniatur. Guyart des Moulins, Bible Historiale *(1402). Paris, Bibliothèque Nationale.*

Unten: Abraham zieht nach Ägypten. Ausschnitt einer Miniatur aus der paduanischen bebilderten Bibel (Ende des 13. Jh.). Rovigo, Accademia dei Concordi.

Die Bibel der Protestanten. Die protestantischen Bibelausgaben enthalten einige Bücher weniger als die katholischen. Die reformierten Kirchen haben von Anfang an beschlossen, sich an den biblischen Kanon zu halten, wie er von der jüdischen Tradition bei der Synode von Jamnia (91 n. Chr.) festgelegt wurde. Ausgeschlossen wurden daher unter anderem die Bücher der Makkabäer, das Buch der Weisheit, Tobit, Judith. Der Kanon des Neuen Testaments stimmt mit dem der anderen christlichen Kirchen überein.

Die Apokryphen des Neuen Testaments. Zu den zahlreichen apokryphen Büchern des Neuen Testaments gehören das Evangelium der Juden, das Evangelium der Ägypter, das Evangelium der Ebioniten, das Evangelium des Petrus, das Protoevangelium des Jako-

nen Autoren geschrieben, veröffentlicht, überarbeitet, neu veröffentlicht und kanonisiert wurden, erhielt den Namen Bibel, der sich vom griechischen *biblia*, «die Bücher», ableitet.
Auch die Bücher des Neuen Testaments stammen von verschiedenen Autoren.
Von einer eigens eingerichteten Expertenkommission wurden sie unter einer Vielzahl von überlieferten Schriften ausgewählt und dem Kanon zugeordnet (das heißt in den Rang eines heiligen Buches erhoben, das die von Gott eingegebene Wahrheit offenbart). Alle Schriften, deren Ursprung nicht geklärt werden konnte, wurden aus dem Kanon ausgeschlossen. Man bezeichnete sie als apokryph, was in wörtlicher Übersetzung «verborgen» bedeutet.
Zwischen den apokryphen und den kanonisierten Schriften besteht häufig ein enormer Qualitätsunterschied, denn viele der Texte, die aus dem Kanon ausgeschlossen wurden, waren Legenden, die zur Erbauung der Gläubigen frei erfunden worden waren. In einem Fall, dem Thomas-Evangelium, handelt es sich um Sprüche, die Jesus zugeschrieben werden, jedoch durch eine stark gnostische Färbung gekennzeichnet sind.
Der Kanon des Alten Testaments ist allmählich im Lauf einiger Jahrhunderte entstanden, zwischen 621 v. Chr. und 91 n. Chr., bis schließlich die rabbinische Synode von Jamnia endgültig eine Gesamtheit von 24 Büchern festsetzte: 5 Bücher des Gesetzes (Pentateuch), 8 Bücher der Propheten, 11 Bücher der Schriften (Esdra und Nehemia zählen hier als ein Buch, ebenso wie Chronik I und II). Die Juden aber, die seit 70 n. Chr. gezwungen waren, in der Diaspora zu leben, waren teilweise des Hebräischen nicht mehr mächtig und lasen das Alte Testament deshalb in der griechisch-alexandrinischen Übersetzung. Diese jedoch enthielt auch einige Bücher, die offiziell nicht zum jüdischen Kanon gehörten und deuterokanonisch genannt wurden, da sie nur dem zweiten Kanon angehörten (griech.: *deuteros*). Es sind dies die Bücher der Weisheit und die Bücher Salomons sowie Ecclesiastes, Judit, Tobit, Makkabäer I und II, Baruch, das Buch Jeremia, die Anbetung von Manasse, Makkabäer III und IV.
Vom alexandrinischen Kanon gehen die deuterokanonischen Bücher in die lateinische Vulgata des heiligen Hieronymus ein. 1546 erklärt sie das Konzil von Trient auch als kanonisch für die Christen (gemeinsam mit den kanonischen

Eine Seite der westgotischen Bibel La Cava. Cava de' Tirenni, Abtei der SS. Trinità.

Ausschnitt des Gemäldes Die Pietà, *Lucas Cranach d. Ä. (1472–1553). Città del Vaticano, Pinakothek.*

bus, ein erstes Evangelium des Thomas (mit Legenden über die Kindheit Jesu), die Evangelien von Matthias, Philipp, Barnabas und Andreas, das Evangelium des Bartholomäus, das gnostische Evangelium des Thomas, das Evangelium der Wahrheit, ein weiteres Evangelium des Philipp, das Apokryph des Johannes (über den Ursprung des Universums und der Geschichte), die Akten des Pilatus, die Akten von Paulus und Thekla, die Passion des heiligen Petrus, die Geschichte von Petrus und Paulus, die Geschichte des heiligen Johannes, die Geschichte des Thaddäus.
Und weiter: die apokryphen Briefe, die dem heiligen Paulus und Titus zugeschrieben werden, ein Briefwechsel zwischen Paulus und Seneca, einer sogar zwischen Jesus und König Abgar von Edessa.

Johannes und Petrus, Paulus und Markus, *von Albrecht Dürer (1471–1528). München, Alte Pinakothek.*

Unten: Ausschnitt einer Handschrift von Qumran.

Büchern des Neuen Testaments). Die Katholiken drucken ihre Bibeln daraufhin, ohne daß die Unterscheidung zwischen der ersten kanonisierten und der zweiten kanonisierten Version sichtbar wird. Die Protestanten hingegen übernahmen den Kanon der hebräischen Bibel und fügten die deuterokanonischen Bücher ihren eigenen Bibeln allenfalls im Anhang zu. Ihrer Auffassung nach waren diese Schriften nicht durch göttliche Eingebung entstanden, folglich können sie nicht Grundlage des Glaubens sein, sondern sie dienen nur der persönlichen Erbauung.
Im Jahr 390 beginnt der heilige Hieronymus mit der großen Übersetzung der gesamten jüdischen Bibel, die er 405 abschließt. Diese Übersetzung wird schließlich so populär, daß man sie im Mittelalter lediglich Vulgata nennt, also volkstümlich und allgemein akzeptiert. Das Konzil von Trient erklärt sie 1546 zur einzigen authentischen Bibel der katholischen Kirche. Zwei aufeinanderfolgende Ausgaben werden nun gedruckt, und zwar die sixtinische, die im Jahr 1590 auf Veranlassung des Papstes Sixtus V. erscheint, und zwei Jahre später die clementinische (nach Clemens VIII.). Die Unterteilung der gesamten Bibel in Kapitel und numerierte Verse, um das Auffinden der Stellen und Zitate zu erleichtern, wird zum ersten Mal in der Vulgata von Stephen Langton, dem Erzbischof von Canterbury (gestorben 1228) eingeführt und von allen späteren

Qumran. Die Bücher, die in den Höhlen von Qumran am Toten Meer gefunden wurden, bestehen aus den Regeln der Gemeinschaft, der Tempelrolle, der Schrift von Damaskus, der Regel des Krieges, den Hymnen, den pseudo-davidischen Psalmen, den biblischen Kommentaren, den Apokryphen der Genesis und anderen bedeutenden Fragmenten. Unabhängig davon, ob es sich bei der Gemeinschaft von Qumran, was wahrscheinlich ist, um die sogenannten Essener (eine jüdische Gruppe, von der im Neuen Testament die Rede ist) handelt oder um eine andere, sind die Handschriften wertvoll, da sie auf eine Zeit zurückgehen, die der Lebenszeit Jesu ziemlich nahekommt. In Stil- und Ausdrucksweise zeigen sich interessante Analogien zum Johannes-Evangelium.

Herausgebern akzeptiert. Zuvor war der Palästinensische Pentateuch in 154 Sektionen untergliedert worden, während der Babylonische nur aus 54 Teilen bestand, die jedoch ihrerseits wiederum in insgesamt 660 kleinere Abschnitte unterteilt waren. Die Kapitelunterteilung des Neuen Testaments dagegen wurde von dem französischen Drucker Robert Estienne in seiner vierten Ausgabe eingeführt, die 1551 in Genf veröffentlich wurde.
Alle Originalmanuskripte, sowohl des Alten als auch des Neuen Testaments, sind verloren. Erhalten sind lediglich später entstandene Kopien. Zu den ältesten gehören die aus Qumram, wo fast das gesamte Manuskript Jesaja gefunden wurde. Die verschiedenen Überprüfungen der Texte, Fragmente und Übersetzungen haben jedoch gezeigt, daß die Schriften immer mit großer Sorgfalt kopiert wurden. Es handelt sich also um philologisch zuverlässige Dokumente. Die älteste griechische Übersetzung des Alten Testaments ist die sogenannte Septuaginta, «das Buch der siebzig». Sie wurde so genannt, weil sie der Legende nach im 3. Jahrhundert v. Chr. von 72 weisen Männern aus dem Volk Israel – sechs für jeden der 12 israelischen Stämme – angefertigt worden war, die extra zu diesem Zweck und auf Geheiß des Königs Ptolemaios II. von Palästina nach Alexandrien gereist waren. Wenn die Autoren des Neuen Testaments das Alte Testament zitierten – was häufig geschah, denn schließlich wollte man die Identität zwischen Jesus und dem angekündigten Messias untermauern –, stützten sie sich im allgemeinen auf diese Übersetzung.
Die ersten drei der vier kanonischen Evangelien, die Matthäus, Markus und Lukas zugeschrieben werden, werden als synoptisch bezeichnet, weil sich die Texte – sowohl was den Inhalt als auch was den Stil und den Aufbau anbelangt – so sehr ähneln, daß man sie vergleichend lesen kann. Das vierte, das Johannes-Evangelium, hingegen unterscheidet sich von ihnen ganz grundsätzlich. Unter den drei synoptischen Evangelien gilt das Markus-Evangelium als das älteste.

Luther und der Kurfürst von Sachsen, auf dem Titelblatt des Neuen Testaments, das von Luther ins Deutsche übersetzt und von Lucas Cranach d. Ä. in der Ausgabe von 1546 illustriert wurde.

Studium der Bibel in einer protestantischen Kirche in Bethesda (USA).

Die pseudo-epigraphischen Bücher. Die pseudoepigraphischen (oder apokryphen, das heißt die verborgenen) Bücher gehören weder zur katholischen noch zur protestantischen Bibel. Es handelt sich um eine gewisse Anzahl von Schriften, die zwischen dem 2. und 3. Jahrhundert n. Chr. entstanden und von Juden und Christen gelesen, jedoch von beiden Kanons ausgeschlossen wurden. Die wichtigsten sind: der Brief des Aristeas, das Buch dei Giubilei, das Martyrium des Jesaja, die Psalmen Salomons, die Sibyllinischen Orakel, das Buch Enoch, die Himmelfahrt des Moses, die Apokalypse des Baruch, die Testamente der zwölf Patriarchen, das Testament Abrahams, das Testament Hiobs, die Paralipomeni des Jeremias, das griechische Leben von Adam und Eva, die Apokalypse des Elias.

Die Pharisäer beschuldigen Jesus. Ausschnitt der Maestà, *Duccio di Buoninsegna (ca. 1255–1318/19). Siena, Museo dell' Opera Metropolitana.*

Wenn die Heilige Schrift für alle Christen die Quelle der Offenbarung darstellt, so ist die Überlieferung eine weitere Quelle, die für die Katholiken ebenso wertvoll ist. Jesus wandte sich häufig und ausdrücklich gegen eine bloß formale und buchstabengetreue Gesetzeshörigkeit, die sich auf die Schrift beruft. Im Markus-Evangelium (7, 1-13) findet sich eine bedeutsame Episode, die seine Kritik verdeutlicht: «Die Pharisäer und einige Schriftgelehrte, die aus Jerusalem gekommen waren, hielten sich bei

Jesus auf. Sie sahen, daß einige seiner Jünger mit unreinen, das heißt mit ungewaschenen Händen aßen. Denn die Pharisäer essen wie alle Juden nur, wenn sie vorher mit einer Handvoll Wasser die Hände gewaschen haben, wie es die Überlieferung der Alten vorschreibt [...] und noch viele andere überlieferte Vorschriften halten sie ein [...] Die Pharisäer und Schriftgelehrten fragten ihn also: Warum halten sich deine Jünger nicht an die Überlieferung der Alten, sondern essen mit unreinen Händen? Er antwortete ihnen: Recht hatte der Prophet Jesaja, als er über euch Heuchler sagte, wie es geschrieben steht: Dieses Volk ehrt mich mit den Lippen, sein Herz aber ist weit weg von mir. Es ist sinnlos, wie sie mich verehren; was sie lehren, sind Satzungen von Menschen.»
Jesus macht am Beispiel der Pharisäer, die sein Verhalten und das seiner Jünger verurteilen, weil es nicht dem schriftlich niedergelegten Gesetz entspricht, folgendes deutlich: Die Berufung auf das geschriebene Gesetz ist für ihn nichts als Heuchelei, wenn sie – wie im Fall der Pharisäer – zur Grundlage einer bloß formalen Kritik wird.

Alle Bücher des Alten Testaments sind schriftlich überliefert. Aber bevor sie aufgeschrieben wurden, wurden sie jahrhundertelang von Generation zu Generation mündlich weitergegeben. Dies kann man noch heute an der grammatikalischen Struktur der Schriften erkennen. Zahlreiche memotechnische Elemente belegen die Praxis der mündlichen Überlieferung. Im Neuen Testament hat der Begriff Überlieferung zwei Bedeutungsinhalte: Zum einen bezeichnet er tradierte Gebräuche und Verhaltensweisen. So zum Beispiel im Brief, den Paulus an die Galater schreibt und in dem er darlegt, wie er selbst vor seiner Bekehrung gedacht und gehandelt hat: «In der Treue zum jüdischen Gesetz übertraf ich die meisten Altersgenossen in meinem Volk, und mit großem Eifer setzte ich mich für die Überlieferung meiner Väter ein» (1,14). In der zweiten Bedeutung versteht man unter Überlieferung den grundlegenden Glaubensinhalt, der durch die christliche Predigt (mündlich)

Das Wort Gottes und das menschliche Wort. Das II. Vatikanische Konzil legte fest: Die Heilige Tradition und die Heilige Schrift sind miteinander verbunden. Da beide derselben göttlichen Quelle entspringen, tragen sie zum Entstehen derselben Sache und zum selben Ziel bei (*Dei Verbum* 9). Die orthodoxen Kirchen vertreten eine ähnliche Position, auch wenn ihre Auffassung von Tradition weniger die eines juristisch festgelegten Kodexes ist. Für die Juden ist die Heilige Schrift die Tradition ihrer Lektüre; die Sammlung der traditionellen Interpretationen ist im Talmud (der Lehre) enthalten. Die protestantischen Kirchen dagegen trennen entschieden zwischen der Schrift und der Tradition: Die Bibel ist die einzige Quelle der Wahrheit, alles übrige ist Kommentar.

vermittelt wird, nämlich die göttliche Offenbarung. Diese hat ihren Ursprung im Wort Christi und wird der jüdischen Überlieferung gegenübergestellt. Sie ist das lebendige Wort, das für das ewige Leben steht, im Gegensatz zu einer kalten und formalistischen Kasuistik, die das Gesetz tötet, anstatt es zu beachten. In der katholischen kirchlichen Doktrin ist es die Überlieferung – das heißt die Lehre der Kirche –, die die Authentizität der Schriften garantiert und nicht umgekehrt. Wenn nun die mündliche Tradition, so alt, gleich und kontinuierlich sie auch ist, die Inhalte der Schrift erklärt und kommentiert, ohne dieser zu widersprechen, muß dies jedoch auf eine autorisierte Art und Weise geschehen und Teil der apostolischen Mission sein. Denn es ist die Kirche, die die authentischen heiligen Schriften göttlicher Offenbarung nannte und nennt, diese von den apokryphen Schriften unterscheidet und sicherstellt, daß die darin enthaltene Offenbarung vollständig und gültig ist und unter der Führung der Hirten der Kirche lediglich kommentiert, erklärt und korrekt verstanden werden muß. Basis dieses festen Vertrauens in die katholische Kirche ist die Gewißheit von der Anwesenheit Christi in der Eucharistie. Die Kirche, mit dem Papst an der Spitze, ist also nicht nur unfehlbar, sondern auch zuverlässig in der Definition der Doktrinen.

Besonderes Merkmal der reformierten Kirchen ist, im Gegensatz dazu, die Doktrin von der einzigartigen Quelle der Offenbarung: Das Wort Gottes findet sich demnach lediglich in der Bibel, und jedes außerhalb ausgesprochene Wort gilt nur als Kommentar, Interpretation oder Aktualisierung der Heiligen Schrift. Diese Ausrichtung erreicht extreme Positionen im sogenannten Fundamentalismus, einer Bewegung, die darum bemüht ist, die fundamentalen Wahrheiten der Bibel zu bewahren (die Schöpfung, die Erlösung, die Wiederauferstehung etc.), und schließlich den literarischen Text der Bibel ganz mit dem Wort Gottes gleichsetzt. Obwohl die Mehrheit der Protestanten mit dieser Position nicht einverstanden ist, ist jedoch allen die Liebe für die Schrift gemeinsam: Übersetzungen (in über 100 Sprachen), historisch-kritische Kommentare, gemeinsames Studium der Bibel sind bekanntlich Merkmale aller reformierten Kirchen. Das Bestreben, eine grundlegende Schulbildung auf dem gesamten protestantischen Gebiet zu sichern, geht zweifellos aus dem Bestreben hervor, die Heilige Schrift bekannt zu machen. Verglichen mit dieser absoluten Vorherrschaft der Schrift steht die mündliche Überlieferung an zweiter Stelle: Die Theologie der reformierten Kirchen ist in den «Glaubensbekenntnissen» zusammengefaßt, die beachtliche Autorität genießen, jedoch nur als Leitwort für die Interpretation der Bibel betrachtet werden. Die Protestanten haben kein eigenes Glaubensbekenntnis, sie sprechen entweder das Credo (das apostolische Glaubensbekenntnis) der katholischen Kirche oder das Nizänokonstantinopolitanum, das von den Anhängern der orthodoxen Kirche gebetet wird.

Auf der Straße von Worms. Luther liest die Bibel und predigt. Ausschnitt eines deutschen Folianten aus dem 16. Jahrhundert.

Unten: Katechismusunterricht. Mailand, Oratorium von Sant' Ambrogio.

Der Katechismus. Er ist ein Lehrbuch für die Unterweisung im christlichen Glauben, das in Frage und Antwort die wesentlichen Doktrinen der christlichen Kirche enthält. Im Jahr 1529 hat Luther den «großen» und den «kleinen» Katechismus publiziert. Von grundlegender Bedeutung für die katholische Kirche ist der Römische Katechismus (1566), der aus dem Geist des Konzils von Trient hervorging, und der neue Katechismus der katholischen Kirche, der 1992 veröffentlicht wurde.

Sonntagsmesse in einer Kirche von Warschau.

Unten: Katholische Priester während einer liturgischen Feier.

Als sich die Vertreter der Staaten Israel und Ägypten zu Verhandlungen auf Camp David trafen, konnten die Arbeitssitzungen nur an vier Tagen der Woche stattfinden: Der amerikanische Präsident beging den Sonntag, der israelische den Sabbat und der ägyptische, im Namen des Islam, den Freitag. Die Vertreter der drei Religionen Abrahams, die auf denselben Stamm zurückgehen, unterstrichen so die Besonderheiten ihrer jeweiligen Liturgie, mit der sie den «Tag des Herrn» begehen.

Warum feiern die Juden den Samstag und die Christen den Sonntag? Im Matthäus-Evangelium heißt es: «Als der Sabbat vorüber war und der Morgen des ersten Wochentages anbrach, kamen Maria Magdalena und die andere Maria, um nach dem Grab zu sehen. Und siehe, es entstand ein großes Erdbeben; denn ein Engel des Herrn stieg vom Himmel herab, trat hinzu, wälzte den Stein weg und setzte sich darauf. Sein Aussehen war wie ein Blitz, und sein Gewand war weiß wie Schnee. Aus Furcht vor ihm erbebten die Wächter und waren wie tot. Der Engel aber wandte sich zu den Frauen und sprach: Fürchtet euch nicht! Ich weiß, ihr sucht Jesus, den Gekreuzigten. Er ist nicht hier; denn er ist auferweckt worden, wie er gesagt hat; kommt und seht den Platz, wo er lag! Geht eilends hin und sagt seinen Jüngern, daß er auferweckt ist von den Toten! Seht, er geht euch voraus nach Galiläa; dort werdet ihr ihn sehen» (28, 1-7). Kurz darauf erscheint Christus den Frauen und wiederholt die Botschaft an die Jünger. Dieselbe Begebenheit wird, mit geringfügigen Abweichungen, auch von den anderen Evangelien wiederholt. Bei Lukas ist von zwei Engeln anstatt von einem die Rede; bei Johannes tauchen die beiden Engel auf, nachdem Petrus und ein anderer Jünger, die von den Frauen herbeigerufen wurden, das leere Grabmal sahen und nach Hause zurückgekehrt sind. Auch die Zahl der Frauen variiert, unverändert ist jedoch der Wochentag: Es ist Tagesanbruch an dem Tag, der auf den Samstag folgt. Aus diesem Grund wird dieser Tag, der für die Juden ein ganz normaler Wochentag war,

Die Pflicht zur Messe bei den Katholiken. Der Sonntag, der Tag des Herrn, wird bei den Katholiken mit der Feier der Messe begangen, die zu besuchen für alle Gläubigen eine Pflicht ist. Das Mysterium der Eucharistie steht im Mittelpunkt der Messe.

Der protestantische Kult. Der Kult am Sonntag ist zwar nicht Pflicht, stellt jedoch trotzdem den geistigen Mittelpunkt im Leben der Protestanten dar. In den anglikanischen und lutherischen Kirchen ähnelt er einer vereinfachten katholischen Messe. In allen anderen evangelischen Kirchen nimmt er den Charakter einer Versammlung von Gläubigen an, die sich entweder der Lehre (bei den Calvinisten), der Ermutigung (bei den Methodisten) oder der Evangelisierung (bei den Baptisten und der Pfingstbewegung) widmen.

zu dem Festtag schlechthin, der *dies dominica*, der Tag des Herrn.
Es wurde festgesetzt, daß am Sonntag die wöchentliche Erneuerung des Osterfestes stattfand, das ebenfalls immer auf einen Sonntag fiel. Komplizierte Berechnungen wurden entsprechend dem Mondkalender angestellt, um zu diesem Ergebnis zu gelangen. Einige Forscher sind der Ansicht, daß Christus mit seinen Jüngern beim Letzten Abendmahl das traditionelle Passah-Fest – das jüdische Osterfest – feierte, das an den Auszug aus Ägypten erinnert. Noch heute wird es mit ungesäuertem Brot und Wein gefeiert, mit Lamm und wilden Kräutern, den Symbolen dieser schicksalshaften Nacht, in der die Juden voll Freude, aber auch in banger Erwartung aus Ägypten flohen. Welcher Tag war es? Wir wissen es nicht. Wir wissen aber, daß die Juden das Fest am Abend des 14. Tages von Nisan begehen, das heißt in der ersten Vollmondnacht, die auf die Tagundnachtgleiche des Frühlings folgt. Es scheint leicht zu rekonstruieren. Doch in diesem Fall sind die Evangelien nicht so

Gesang von Gospelsongs in einer evangelischen Kirche von Syracuse im Staat New York.

Unten: Lektüre der Psalmen in einer protestantischen Kirche.

wahrheitsgetreu, wie es scheint. Matthäus spricht vom Abend des ersten Tags des ungesäuerten Brots, ebenso Markus, der hinzufügt, «als man Ostern weihte». Lukas deutet nur den «Tag des ungesäuerten Brots» an (und spricht nicht vom «ersten Tag»). Johannes als einziger spricht vom Tag «vor dem Osterfest». Der erste Korintherbrief wiederholt im 11. Kapitel die Beschreibung des Abendmahls des Herrn, gibt jedoch keine Informationen über das Datum. Wenn das von Johannes angegebene Datum stimmt, dann ist Jesus genau in dem Augenblick gestorben, als das Osterlamm geopfert wurde. Tatsache ist, daß die Wiederauferstehung von allen Christen als Bestätigung dafür gesehen wird, daß Jesus wirklich Christus ist. Man versammelte sich also weiterhin am Abend des Sonntags, bis das christianisierte Imperium daraus schließlich einen zivilen Feiertag machte.

Großer Wert wird auf die Musik und den Gesang der Hymnen gelegt – unabhängig davon, welcher Komponist sie vertont hat (Bach, die Gospel Singers oder Negro Spirituals).

Die Strenge der Calvinisten. Im calvinistischen (oder puritanischen) Flügel des Protestantismus herrscht große Achtung vor dem Tag des Herrn: Es gibt kein weltliches Vergnügen, nur Ruhe, Kult, Gebet, Meditation und Bibellektüre im Kreis der Familie.

Der Sabbat der Adventisten. Diese Kirche protestantischen Typs (die Adventisten des Siebten Tages) bezweifelt die Legitimität des Sonntags und begeht – in Anlehnung an die jüdische Tradition – den Tag des Herrn am Samstag.

Die Anbetung der Heiligen Drei Könige. *Fresko von Giotto (1266–1336). Padua, Arena-Kapelle.*

Unten: Deutsche Kinder bei der Feier des Martinsfestes. Am Abend des 1. November ziehen viele Kinder in Deutschland mit Laternen durch die Straßen.

Die katholische Kirche begeht eine Reihe von Feiern im gesamten Verlauf des Sonnenjahrs. Das liturgische Jahr (Liturgie bedeutet wörtlich «göttlicher Dienst») beginnt mit dem ersten Adventssonntag, das heißt dem ersten der vier Sonntage, die dem Tag vorausgehen, an dem man die Geburt des Herrn feiert. Die Adventsliturgie besteht aus einer genau festgelegten Lektüre der messianischen Botschaften (Jesaja, Micha). Der vierte und letzte Adventssonntag geht unmittelbar der Feier des Weihnachtstages voraus. Nach der christlichen Eroberung des römischen Imperiums wurde dieses Fest auf den 25. Dezember festgesetzt. Aufgrund der Informationen des prophetischen Buches Haggai (2,10-19) hatte man komplizierte Rechnungen angestellt. Dieses Datum nähert sich dem der Sonnwendfeier, die von den Römern bereits gefeiert wurde. Die Ostkirche feiert den Tag dagegen am 6. Januar, dem römischen Epiphanias-Fest. Acht Tage nach Weihnachten feierte die katholische Kirche – zusammen mit Silvester, einem eher laizistischen und heidnischen Fest – die Beschneidung des Herrn. Dieses Fest wurde später durch das Fest der Muttergottes ersetzt. Die Beschneidung des Jesuskindes war ein wichtiges Fest, weil es daran erinnerte, daß Jesus zum Pakt Abrahams und daher zum erwählten Volk gehörte.

Epiphanias ist das christliche Fest, an dem Jesus der Welt der Ungläubigen vorgestellt wurde, die durch die Heiligen Drei Könige aus dem Orient repräsentiert werden, die von einem Stern bis zu seiner Wiege geführt wurden. Der Begriff Epiphanias stammt aus dem Griechischen und bedeutet Verkündigung. Der Tradition zufolge kamen die Heiligen Drei Könige nach Jerusalem und dann nach Bethlehem, um Jesus als König anzubeten. Daß es sich dabei um Könige handelte, drei an der Zahl, ist auf legendenhafte Ausschmückungen zurückzuführen, die man verschiedenen apokryphen Schriften entnommen hat. Das Fest der Beschneidung

Die Marienfeste. Die katholische Kirche weiht verschiedene Feste im Lauf des Jahres der Madonnenverehrung: die Verkündigung (25. 3.), Mariae Himmelfahrt (15. 8.), Mariae Geburt (8. 9.), die unbefleckte Empfängnis (8. 12.).

Die Verklärung Jesu. Die katholische und orthodoxe Kirche feiert am 6. August die Verklärung Jesu, der in himmlischem Glanz den Aposteln Petrus, Jakobus und Johannes erschienen ist.

Die Ungläubigen. Der Begriff taucht im Neuen Testament häufig für heidnische Völker auf, die den Pakt Abrahams nicht kennen.

Die Prozession der Heiligen Drei Könige in einer protestantischen Kirche in den USA.

Unten: Jugendliche bei der Vorbereitung von Olivenzweigen für den Palmsonntag. Mailand, Oratorium von Sant' Ambrogio.

wird am 12. Januar begangen, dann, am 2. Februar, wird des Tages gedacht, an dem Josef und Maria Jesus in den Tempel brachten, denn das Gesetz des Herrn schrieb vor, daß jede männliche Erstgeburt dem Herrn geweiht werden sollte. Dies geschah, indem man dem Herrn ein Opfer darbrachte. Beide Feste – die Beschneidung und die Darstellung Jesu im Tempel – werden zu Beginn des Lukas-Evangeliums beschrieben (2, 21-40). Dort sind auch die näheren Umstände der Feierlichkeiten angegeben, an denen neben der Prophetin Hanna auch der fromme Simeon teilnahm, dem geoffenbart worden war, daß er nicht sterben werde, ehe er nicht den Messias gesehen habe.

Das erste wichtige Fest, das nach dem Weihnachtszyklus im liturgischen Kalender folgt, ist der Aschermittwoch, mit dem die Fastenzeit beginnt. Es handelt sich um eine Bußzeit von vierzig Tagen, die die Kirche den Osterfeierlichkeiten vorangehen läßt. Nach der Feier der heiligen Asche (aus den verbrannten Olivenblättern vom Palmsonntag) folgen die fünf sogenannten Fastensonntage . Die heilige Asche wird auf das Haupt der Büßenden gestreut, die die ermahnenden Verse murmeln, die in der Genesis enthalten sind und die Gott sprach, als er die Sünde Adams strafte: «Im Schweiß deines Angesichts sollst du dein Brot verzehren, bis du zum Ackerboden wiederkehrst, von dem du genommen bist. Denn Staub bist du, und zum Staube sollst du heimkehren.» (3, 19)

Die Fastenzeit endet eine Woche vor Ostern mit dem Palmsonntag. Dieser Sonntag erinnert an den triumphalen Einzug des Erlösers in die Stadt Jerusalem, die sich bereits auf das Passah-Fest, das jüdische Ostern, vorbereitete. Dieser feierliche Einzug wird von Lukas (19, 28-38) und von Johannes (11,12-18) beschrieben. Seine Anhänger versammelten sich in Scharen um den auf einem Esel reitenden Jesus und empfingen ihn mit dem biblischen Ruf «Hosianna», während sie

Während der Fastenzeit. Während der gesamten Fastenzeit wird von den Gläubigen ein besonders gemäßigtes Leben erwartet; das Fastengebot muß berücksichtigt werden, vor allem gilt Fleischverbot. Diese Regeln wurden jedoch im Lauf der Jahrhunderte weniger streng und flexibler gehandhabt. Vor allem soll man sich in dieser Zeit auf das höchste christliche Fest, Ostern, vorbereiten. Während der Fastenzeit werden auch Hochzeiten ohne Prunk und besondere Feierlichkeiten zelebriert.

Olivenzweige. Für den Palmsonntag werden die Olivenzweige während der Messe geweiht, jeder Gläubige nimmt einen Zweig mit nach Hause. Damit werden die häuslichen Kruzifixe bis zum Osterfest des folgenden Jahres geschmückt.

Auferstehung, *Piero della Francesca (1410/20–1492). Sansepolcro, Pinacoteca Comunale.*

Unten: Dreifaltigkeit, *Miniatur aus dem* Libro d'oro *des Michelozzo da Besozzo (verbürgt zwischen 1388–1445). Avignon, Bibliothèque Municipale.*

ihre Mäntel und Palmzweige vor ihm ausbreiteten. Die fromme Überlieferung hat die Bezeichnung «Palmsonntag» für diesen Festtag beibehalten, obwohl die Palmzweige, die es im Westen nicht gab, für die Feierlichkeiten durch Olivenzweige ersetzt werden mußten.

Zwischen Palmsonntag und Ostern liegt die Osterwoche, die in der orthodoxen Kirche «Große Woche» genannt wird, weil sie das wichtigste Fest im gesamten liturgischen Jahr ist. Während der ganzen Woche werden die unterschiedlichsten Riten vollzogen, die wichtigsten aber am heiligen Donnerstag, an Karfreitag und am heiligen Samstag. Dazu gehören sowohl die feierliche Liturgie der römischen Kirche als auch die volkstümlichen Traditionen der verschiedenen Länder. Im Lauf der Messe wird die Geschichte der Passion gelesen, wie sie in den kanonischen Evangelien überliefert ist. Am Donnerstag werden die Grabstätten geehrt, in Form von kleinen Altären, auf denen in vielen Ländern Ährenzweige errichtet werden, die nie das Sonnenlicht erblickt haben. Die letzte Messe der Woche wird mit dem Ritus und den Farben des Büßens (lila, das auch alle Darstellungen in den Kirchen bedeckt) gefeiert. Am Freitag wird die lange und feierliche Anbetung des Kreuzes gefeiert, geweiht wird das Sakrament des Altars, in Erinnerung an den toten Christus, der im Grab des Josef von Arimatäa beerdigt wurde.
So traurig und feierlich die der Passion geweihte

Das Fest der Heiligen Dreifaltigkeit. Es wird von allen christlichen Kirchen am ersten Sonntag nach Pfingsten (Trinitates) gefeiert. Die Sonntage nach dem Fest bis zum ersten Advent werden von den Protestanten als Trinitatissonntage gezählt.

Corpus Domini. In der katholischen Kirche wird dieses Fest am zweiten Donnerstag nach Pfingsten (oder dem darauffolgenden Sonntag) gefeiert, mit einer Prozession zu Ehren der Eucharistie (in der man die Anwesenheit des Corpus Domini erkennt).

Pfingsten. Ursprünglich ein großes jüdisches Fest, das fünfzig Tage nach Ostern gefeiert wird. Es war das Fest der Messen, der Früchte und des Frühlings, es erinnerte jedoch auch an die durch Moses überbrachten Gesetze.

Woche, die auf die Fastenzeit folgt, auch zelebriert wird, so wissen die Gläubigen doch, daß diese Traurigkeit bald der wunderbaren Freude des Osterfestes weichen wird, die mit dem Ruf «Der Herr ist auferstanden!» eingeleitet wird. Begleitet wird der Ruf des Zelebranten von der Segnung des Wassers und des Feuers, die große Osterkerze wird angezündet, die den Wiederauferstandenen darstellt. Den ausgelassenen Feierlichkeiten des Ostersonntags folgt der Montag des Engels. Der Engel, dem der Ostermontag gewidmet ist, ist vor allem der Schutzengel, der der Tradition zufolge jedem Menschen zur Seite steht. Die Osterwochen enden schließlich mit dem dritten Sonntag, dem Sonntag *in albis*, dessen Name an die weißen Kleider erinnert, mit denen die ersten Christen Katechumenen und Neugetaufte unterschieden.

Vierzig Tage nach dem Fest der Auferstehung feiert die Kirche die Himmelfahrt des Herrn, in Erinnerung an das, was in den Evangelien von Markus und Lukas steht. Auch im ersten Kapitel der Apostelgeschichte (9-11), die ebenfalls auf den heiligen Lukas zurückgeht, heißt es: «Nach diesen Worten wurde er vor ihren Augen emporgehoben, und eine Wolke entzog ihn ihren Blicken. Und da sie zum Himmel hinaufsahen, wie er dahinging, siehe, da standen vor ihnen zwei Männer in weißem Gewande und sprachen: Ihr Männer aus Galiläa, was steht ihr da und schaut zum Himmel? Dieser Jesus, der von euch weg in den Himmel aufgenommen wurde, wird ebenso wiederkommen, wie ihr ihn habt hingehen sehen zum Himmel.»

Zehn Tage nach dem Fest der Himmelfahrt feiert die Kirche mit dem Pfingstfest den Jahrestag der eigenen Gründung, die auch in der Apostelgeschichte (2, 1-4) beschrieben wird: «Als der Tag für das Pfingstfest gekommen war, waren sie alle beisammen am gleichen Ort. Da erhob sich plötzlich vom Himmel her ein Brausen wie von einem daherfahrenden, gewaltigen Sturm und erfüllte das ganze Haus, in dem sie weilten. Es erschienen ihnen Zungen wie von Feuer, die sich verteilten und einzeln herabsenkten auf einen jeden von ihnen; und alle wurden erfüllt von Heiligem Geist und fingen an, in anderen Zungen zu reden, so wie der Geist ihnen zu sprechen verlieh.»

Pfingstgottesdienst in einer protestantischen deutschen Kirche.

Unten: Luther nagelt seine Thesen an das Portal der Schloßkirche von Wittenberg, Stich aus dem 19. Jahrhundert.

Das liturgische Jahr der reformierten Kirchen. Es entspricht dem der katholischen Kirche, außer dem Corpus Domini, dem Kult Marias und der Heiligen. Einige besonders strenge Gruppen feiern weder Weihnachten noch Neujahr. Das Neujahrsfest wird aufgrund seines heidnischen Ursprungs nicht gefeiert, Weihnachten nicht, um das große christliche Osterfest, nicht zurückzusetzen.

Das Fest der Reformation. Die evangelischen Kirchen begehen am 31. Oktober (am Vorabend von Allerheiligen) den Reformationstag. Er erinnert daran, daß Luther an diesem Tag durch die Veröffentlichung seiner 95 Thesen die Reformationsbewegung entfachte.

Die Hungernden speisen. *Ausschnitt aus den* Sieben Werken der Barmherzigkeit *des Meisters von Alkmaar (16. Jh.). Amsterdam, Rijksmuseum.*

Unten: Moses erhält die Gesetzestafel auf dem Sinai. *Ausschnitt einer Dekoration in Gold und Email von 1181. Klosterneuburg, Kapitelsaal der regulären Kanoniker des heiligen Ambrosius.*

Alle katholischen Gläubigen sind angehalten, neben den Zehn Geboten auch die Grundregeln der Kirche zu beachten und die konkreten und spirituellen Werke der Barmherzigkeit zu üben, zu denen sie anhält. Es gibt fünf Grundregeln der Kirche:
1. Am Sonntag und an den anderen Feiertagen ist die Messe zu hören; 2. Am Freitag und an einigen anderen Tagen darf kein Fleisch verzehrt werden. Die vorgesehenen Fastentage sind einzuhalten; 3. Mindestens einmal im Jahr soll der Gläubige beichten gehen und wenigstens an Ostern zur Kommunion gehen;
4. Die Kirche unterstützen, entsprechend den Gesetzen oder Bräuchen des jeweiligen Landes; 5. Keine Hochzeit zur nicht erlaubten Zeit feiern.
Es gibt sieben Werke geistiger Barmherzigkeit: 1. Den Zweifelnden zur Seite stehen; 2. Die Unwissenden lehren; 3. Die Sünder ermahnen; 4. Die Leidenden trösten; 5. Beleidigungen verzeihen; 6. Lästige Menschen geduldig ertragen; 7. Zu Gott beten für die Lebenden und die Toten.
Darüber hinaus gibt es sieben Werke konkreter Barmherzigkeit: 1. Den Hungernden zu essen geben; 2. Den Durstenden zu trinken geben; 3. Die Nackten kleiden; 4. Pilger beherbergen; 5. Kranken Hilfe leisten; 6. Gefangene besuchen; 7. Die Toten begraben.

Die erste der fünf Grundregeln verpflichtet die katholischen Gläubigen, die Messe ganz anzuhören und von den Anfangsgebeten bis zum *Ite missa est* (die Messe ist zu Ende – geht hin in Frieden) aktiv an den Gebeten und Liedern teilzunehmen. Ferner sollen sie der Predigt aufmerksam folgen, die normalerweise auf die Lektüre des Evangeliums folgt. Die Gläubigen sind aufgefordert, am Sakrament der Eucharistie teilzunehmen ohne sich dabei in eitlen und unnützen Gedanken zu verlieren. Außerdem sollen sie sich

Die Zehn Gebote. Sie werden auch Dekalog (die zehn Worte) genannt: «Ich bin der Herr, dein Gott [...] Du sollst keine anderen Götter neben mir haben. Du sollst dir kein Abbild machen, [...] Gedenke des Sabbattages, um ihn heilig zu halten [...] Ehre deinen Vater und deine Mutter [...] Du sollst nicht töten. Du sollst nicht ehebrechen. Du sollst nicht stehlen. Du sollst gegen deinen Nächsten kein falsches Zeugnis abgeben. Du sollst nicht das Haus deines Nächsten begehren. Du sollst nicht begehren die Frau deines Nächsten [...] und nichts von dem, was deinem Nächsten gehört.» (Exodus, 20, 1–17)
Katholiken und Protestanten sind sich uneinig über die Unterteilung des Textes. Für die Protestanten ist das Verbot, ein Abbild des Herren zu schaffen, ein eigen-

entsprechend der eigenen Möglichkeiten an der Kollekte beteiligen. Die anderen vier Grundregeln entsprechen den Sitten und Traditionen, die sich zwar im Lauf der Zeit veränderten, jedoch nie ganz verschwunden sind. Diese Regeln sind es, die die römisch-katholische Kirche von den zahlreichen anderen christlichen und christlich-katholischen Kirchen unterscheidet. Die aktive Teilnahme an der Messe und am Abendmahl wird von der katholischen Kirche nicht nur allgemein gefordert, sondern sie legt besonderen Wert darauf, daß die Gläubigen – soweit möglich – die Messe in ihrer eigenen Gemeinde besuchen. Von Priestern, Fratres und Mönchen verlangt die Kirche auch, daß sie sich zur Einhaltung bestimmter «Regeln» verpflichten, die im wesentlichen aus der Bergpredigt abgeleitet sind. Dazu gehört vor allem der Verzicht auf weltliche Güter und eine in moralischer Hinsicht absolut vorbildliche Lebensführung.
Die protestantische Reform, die die christliche Ethik radikal neu definierte, lehnte die mittelalterliche Unterscheidung zwischen Vorschriften, die für alle gelten sollten, und Regeln, die nur für besonders Berufene verbindlich waren, ab. Da es das zentrale Dogma der Reformatoren ist, daß der Mensch Rechtfertigung nur durch die Gnade des barmherzigen Gottes erfahren kann, waren verdienstvolle Werke, die man zur eigenen Errettung ausführte, in ihren Augen völlig wertlos. Auf der Grundlage dieser Einschätzung entwickelten sie ihre Ethik, für die drei Aspekte besonders wichtig sind: die Ethik der Berufung, die Ethik der Arbeit und schließlich die Ethik der Freiheit.
Für die Berufung gilt: Im Augenblick, in dem ein Mann (oder eine Frau) sich bewußt wird, Teil im Plan der göttlichen Liebe zu sein, vernimmt er/sie gleichzeitig, daß alle Fehler verziehen (oder gerechtfertigt) wurden; im Augenblick der

Die Nackten kleiden. *Ausschnitt aus den* Sieben Werken der Barmherzigkeit *des Meisters von Alkmaar (16. Jh.). Amsterdam, Rijksmuseum.*

Unten: Kult in einer Waldenser-Kirche in Chisone (Piemont).

ständiges Gebot, während sich das Gebot «Du sollst nicht begehren» sowohl auf die Ehefrau als auch auf den Besitz des anderen bezieht. Für die Katholiken ist das Bilderverbot ein ergänzender Zusatz zu dem allgemeinen Verbot, keine anderen Götter anzubeten, sie wiederum unterscheiden zwischen dem Begehren, das auf die Frau des anderen zielt, und dem, das auf den Besitz des Nächsten gerichtet ist. Zahlreiche Christen erkennen im Dekalog die mögliche Grundlage für die zivile Rechtsprechung und einer universellen Moral.

Pastorinnen in einer lutherischen Kirche in Finnland.

Unten: Rotkreuzschwestern. Das auf der ganzen Welt verbreitete Rote Kreuz hilft als Organisation Kranken und Verwundeten. Zu seinen Zielen gehört es auch, Abkommen voranzutreiben, durch die in Kriegszeiten Zivilpersonen, Schiffbrüchige und Gefangene geschützt werden.

Berufung erkennt man, daß man die einem selbst zugedachte Aufgabe zu erfüllen hat. Sowohl das Verzeihen als die Berufung geschehen über das Wirken Christi, das sich am Kreuz und in der Auferstehung in seinen höchsten Momenten vollzieht. So wie die Vergebung für alle gilt, ist auch die Berufung für alle Gläubigen in gleicher Weise gültig: Die protestantische Doktrin vom «universellen Priesterdienst» kennt keinen Unterschied zwischen einem Gläubigen, der zu der hohen Aufgabe berufen ist, das Wort Gottes zu predigen, und einem Gläubigen, der demütig als Schuster arbeitet. Beide erfüllen ihre Pflicht zum Ruhm Gottes und zum Wohle ihres Nächsten. Durch dieses Konzept der protestantischen Ethik war es für alle Gläubigen möglich, die Nachfolge Christi anzutreten, unabhängig davon, ob sie sich in die Einsamkeit eines Klosters zurückzogen oder aktiv am Arbeits- und Produktionsprozeß teilnahmen. Andererseits oblag es nun auch jedem einzelnen selbst, den göttlichen Plan für sein Leben zu erkennen. Dies setzte eine gewissenhafte Prüfung und gegebenenfalls auch die Bereitschaft voraus, sich einer strengen Disziplin zu unterwerfen (die sogenannte innerweltliche Askese). Darüber hinaus schickt der Herr seinen Gläubigen Zeichen, die ihm helfen, seinen Weg zu finden.
Aus diesem Blickwinkel betrachtet, besitzen die Vorschriften der Bibel vor allem einen pädagogischen Wert. Die Zehn Gebote werden gelesen, um das Gewissen heranzubilden und um sich die eigene Unvollkommenheit zu vergegenwärtigen. Die Worte Jesu, in der Bergpredigt zum Beispiel, haben die Aufgabe, das höchste Gebot der Liebe durch eine professionelle Ethik zu verdeutlichen, da man sonst leicht Gefahr laufen würde, sich in rein zweckmäßigen oder selbstbezogenen Erwägungen zu verlieren.
Dieser Begriff von Berufung ist auch die Ursache für das soziale Engagement, das in protestantischen und katho-

Der Zehnte. Der Zehnte war bereits zur Zeit des Alten Testaments der zehnte Teil der Erzeugnisse der Landwirtschaft und des Viehs, der gespendet wurde. Im Buch Leviticus war die Vorschrift enthalten, daß «die Erde Gott gehört», so daß es Pflicht war, ihm als dem Herrn einen Teil des Verdienstes zu entrichten. Mit dem Erlös wurden Priester unterhalten, der Kult im Tempel bezahlt und den Armen und Enterbten geholfen. Manche christliche Kirchen (zum Beispiel die Adventisten und die Mormonen) haben diesen alttestamentarischen Brauch beibehalten und werfen nun den katholischen, orthodoxen und protestantischen Christen vor, ihn aufgegeben zu haben.

lischen Gemeinden gleichermaßen verbreitet ist. Viele Initiativen, vom Roten Kreuz bis zur Gefängnisreform, von der Bekämpfung der Sklaverei bis zum Kampf gegen Alkoholismus, sind aus dem Bedürfnis entstanden, die christliche Liebe zu leben. Stark auf Christus konzentriert, wird die protestantische Ethik jedoch auch vom Vertrauen in den Heiligen Geist belebt: Der Heilige Geist verleiht die Berufung (die Gaben oder das Charisma, von denen der heilige Paulus spricht), es ist der Geist, der den Gläubigen hilft, diese umzusetzen. Denn es heißt: «Der Herr aber ist der Geist, und wo der Geist des Herrn, da ist Freiheit» (II. Brief an die Korinther, 3,17). Die protestantische Ethik zeigt sich als Ethik der Freiheit. Nicht nur, weil es ohne Freiheit keine Verantwortung gibt, sondern weil es keine Freiheit ohne wahre Liebe gibt. Konkret glauben die Protestanten, daß eine Ethik, die sich nur auf Regeln stützt, nur ein konformistisches Gewissen hervorbringt, das nicht in der Lage ist, sich mit den unvorhersehbaren Lebenssituationen und der Geschichte auseinanderzusetzen. Das erklärt, warum eine Kirche mit stark puritanischer Tradition Geburtenbeschränkung, die Scheidung (mit Einschränkungen) und sogar die Euthanasie (mit noch größerer Einschränkung) akzeptiert. An internen Kontroversen fehlt es jedoch nicht. Strenggläubige halten sich enger an die Regeln der Heiligen Schrift und verurteilen zum Beispiel die Liberalisierung der Abtreibung. Evangelische Pazifisten interpretieren das Gebot «Du sollst nicht töten» als ein mit jeglichem Militärdienst unvereinbares Verbot. Die Bergpredigt wird von ihnen nicht nur als Quelle der Inspiration ausgelegt, sie muß sogar unmittelbar angewandt werden. Es ist aufschlußreich, daß die strenggläubigsten Protestanten, die sich in ziemlich isolierten Glaubensgemeinschaften zusammenschlossen, in moderner Form die Dialektik weiterführen, die im Mittelalter zwischen dem Kloster und den Massen der Christen bestand.

Gesang der heiligen Hymnen in einer protestantischen Kirche in Amerika.

Unten: Ausschnitt aus der Bergpredigt, *Fra' Angelico (1387–1455). Florenz, Museo di San Marco.*

Die Bergpredigt. «Wohl denen, die vor Gott arm sind; denn ihnen gehört das Himmelreich. Wohl denen, die trauern; denn sie werden getröstet werden. Wohl denen, die keine Gewalt anwenden; denn sie werden das Land erben. Wohl denen, die hungern und dürsten nach der Gerechtigkeit; denn sie werden satt werden. Wohl denen, die barmherzig sind; denn sie werden Erbarmen finden. Wohl denen, die ein reines Herz haben; denn sie werden Gott sehen. Wohl denen, die Frieden stiften; denn sie werden Söhne Gottes genannt werden. Wohl denen, die um der Gerechtigkeit willen verfolgt werden; denn ihnen gehört das Himmelreich. Wohl euch, wenn ihr um meinetwillen beschimpft und verfolgt und auf alle mögliche Weise verleumdet werdet.» [...] (Matthäus 5, 1-12)

Einkleidung für die Feier der Messe. Die katholischen Priester kleiden sich in der Sakristei, die an die Kirche angrenzt, in die heiligen Gewänder.

Der liturgische Kult der katholischen Kirche findet öffentlich statt. Es gibt zahlreiche liturgische Gegenstände (Paramente) wie heilige Gefäße, Kerzen, Kruzifixe, kostbare Gewänder, Tücher, heilige Darstellungen und anderes mehr. Die Feier der Messe, auch eucharistisches Opfer (griech.: *eucarestia* «Erteilung der Gnade») genannt, geschieht durch eine Reihe von Handlungen und Gebeten vor und um einen Altar. Im christlichen Kult ist der Altar die Tafel der Eucharistie, um die sich die Gläubigen versammeln, wenn sie durch den Priester das Abendmahl des Herrn, das Opfer (latein.: Hostie) empfangen. Der Altar muß vom Bischof geweiht und von drei reinen Tischdecken bedeckt sein, von denen eine, das sogenannte Korporale (Leibtuch) als Unterlage für das Brot oder die Hostie dient, das in den Körper Christi verwandelt wird. Das Korporale darf ausschließlich aus Leinen, nicht aus Seide, sein. Von der Mitte des Altars richtet sich das Kreuz auf, an seinen Seiten stehen mindestens zwei (bis sechs) Kerzen, die vor Beginn der Zeremonie angezündet und am Ende gelöscht werden. Die Kerzen stehen für den Glauben, der die Seele der Christen erhellt. Auf dem Altar sind außerdem die heiligen Gefäße und das Meßbuch angeordnet, das alle für die Messe notwendigen Gebete enthält. Die heiligen Gefäße sind der Kelch und der Hostienteller (die Patene), die entweder aus Gold oder Silber oder zumindest aus vergoldetem Zinn sind und vom Bischof oder von demjenigen, der die Rituale vollzieht, geweiht wurden. Auf dem Hauptaltar befindet sich auch ein kleiner Schrank, das sogenannte Tabernakel, in dem ein Gefäß mit Deckel, die Pyxis, aufbewahrt wird, die eine größere Anzahl von geweihten Hostien enthält. Vor dem Tabernakel brennt ständig ein rötliches Licht, das die Gegenwart Jesu versinnbildlicht. Die Messe wird normalerweise leise gelesen. Die feierlichen oder gesungenen Messen werden in Anwesenheit eines Diakons oder Subdiakons gelesen, deren Gewänder denen des Priesters entsprechen, die jedoch ein weniger bedeutendes Überkleid als die Planeta tragen. Der Bischof dagegen trägt zwei weitere heilige Gegenstände: eine Kopfbedekkung, Mitra genannt, und einen gekrümmten Stock, den Bischofsstab. Zusammen mit dem Kreuz auf der Brust bezeugen diese Gegenstände die Würde und den Vollbesitz des Priestertums, ebenso wie der Bischofsring, den dieser am linken Ringfinger trägt. Weitere Kultgegenstände in einer römisch-katholischen Kirche sind die Darstellungen des Kreuzweges, die Beichtstühle und die Bänke, auf denen die Gläubigen niederknien. Nicht zu vergessen ist das Tauf-

Die heiligen Gewänder. Der katholische Priester trägt während der Messe die heiligen Gewänder. Das Amint ist eine Art Schal, der hinter den Hüften befestigt wird und an den Schal der Predigt bei den Israeliten erinnert. Das helle Gewand, das bis zu den Füßen reicht, wird von einem Gürtel in der Taille gebunden und erinnert an die weißen Gewänder der Katechumenen und der ersten Täuflinge. Die Manipel (ein Aufschlag aus Seide auf dem rechten Arm), die Stola (eine Art Schal) und die Planeta (Überkleid) werden zuletzt angezogen; sie zeigen die jeweilige Farbe, die das Fest vorschreibt: rot, um den Gedenktag eines Märtyrers zu begehen, grün für einen Beichtvater, lila für die Totenmesse und die Fasten- oder Bußzeit.

becken und der Behälter mit Weihwasser, das die Gläubigen berühren, bevor sie das Kreuzzeichen machen. Der Kreuzweg, der zu den Bußfeiern der Osterwoche gehört, besteht aus vierzehn Etappen, die den Leidensstationen entsprechen, die Jesus vom Augenblick seiner Verurteilung bis zu seiner Grablegung durchlaufen mußte. Normalerweise wird dieser Leidensweg auf Bildern dargestellt, die in der Kirche an den Wänden hängen. Die Gläubigen bilden eine Prozession, die die Bilder singend und betend abschreitet, wobei sie von einem Zelebranten begleitet werden, der auf dem Rükken wie Jesus ein Kreuz trägt. Zu den katholischen (aber auch orthodoxen) Kultgegenständen gehört auch das Weihrauchfaß, ein Metallgefäß mit aufklappbarem Deckel, das von vier Kettchen gehalten wird. Es wird mit Weihrauch, einem duftenden Harz, Symbol der Reinigung, gefüllt. Mit den Wolken aus Weihrauch reinigt der Priester vor der Messe die Seiten des Altars, der seit dem II. Vatikanischen Konzil in die Mitte der Apsis gerückt wurde, so daß der Priester den Gläubigen das Gesicht und nicht den Rücken zuwendet.
In der orthodoxen Kirche sind die Ikonen besonders wichtig. Sie sind hinter einer großen Holzwand, der Ikonostase, verborgen und werden den Gläubigen bei Prozessionen feierlich präsentiert. In der orthodoxen Kirche spricht man gewöhnlich vom «Mysterium der heiligen Ikonen».

In den protestantischen Kirchen sind die Kultobjekte auf ein Minimum reduziert. Aufgrund des biblischen Verbots: «Du sollst dir kein Gottesbild machen und keine Darstellung [...]» (Exodus 20, 4) gibt es keine heiligen Abbildungen. In den lutherischen Kirchen gibt es lediglich ein Kreuz und in den anglikanischen Kirchen ein Kruzifix. Einziger «heiliger Gegenstand» im Mittelpunkt des Kultorts ist eine große, offene Bibel, die beim Spruch des Tages aufgeschlagen ist. Dieses mächtige Symbol verweist auf die Macht des Wortes, das den Menschen von außen (von oben) erreicht, ihn erleuchtet und führt.

Feierliche Messe in einer italienischen Kirche.

Unten: Beichtstuhl. Häufig ist die kleine Tür, durch die der Priester eintritt, von einem Vorhang verdeckt.

Der Beichtstuhl. Der Beichtstuhl hat normalerweise zwei Seiten, so daß sich zwei Gläubige für das Sakrament der Buße oder der Versöhnung nähern können, wobei der zweite das Ende der Beichte des ersten abwartet. Der Priester sitzt in der Mitte des Beichtstuhls und ist von den Gläubigen durch ein dichtes Gitter getrennt, so daß sich Beichtvater und Beichtender nicht sehen, wohl aber hören können.

Segnung während einer feierlichen Messe. Der Priester trägt die Monstranz, das Gefäß, in dem sich die geweihte Hostie befindet.

Die wichtigste liturgische Handlung der römisch-katholischen und mit wenigen Varianten auch der orthodoxen Kirche ist die Feier der Messe, die die Priester jeden Tag vollziehen und an der die Gläubigen jeden Sonntag und an den vorgeschriebenen Feiertagen teilnehmen müssen. In der orthodoxen Kirche wird die Messe als «Heilige Liturgie» bezeichnet. Höhepunkt eines jeden Gottesdienstes ist die Feier des Abendmahls, der Eucharistie, die in Erinnerung an das letzte Abendmahl gefeiert wird, das Jesus am Tag vor seiner Gefangennahme mit seinen Jüngern einnahm. Die Feier der Eucharistie ist jedoch mehr als bloßes Gedenken, sie ist ein heiliges Meßopfer, bei dem Jesus Christus, der Erlöser, leibhaftig anwesend ist. Das Sakrament der Eucharistie verkündet nicht nur den Opfertod, den Jesus auf dem Berg Golgatha erlitt, um die Menschen von ihren Sünden zu erlösen, sondern es wiederholt dieses Opfer. Es existiert kein grundlegender Unterschied zwischen dem Opfer Jesu am Kreuz und dem Opfer der Messe: Jesus vergießt sein Blut für die Menschheit; auf dem Altar opfert er sich ohne Blutvergießen und überträgt so die Folgen von Passion und Tod auf die Menschen. Deshalb steht die Feier der Eucharistie nicht nur im Mittelpunkt eines jedes Gottesdienstes, sondern bildet auch das Zentrum der katholischen Spiritualität.
Wichtigste Handlung der Messe ist die Weihe von Brot und Wein, die durch die Worte des Priesters zum Blut und Leib Christi werden – ein Vorgang, den die Theologen als Transsubstantiation bezeichnen. Brot und Wein behalten zwar ihr normales Aussehen, verwandeln aber ihre Substanz in den Leib Christi. Der Leib Christi ist daher in beiden, in Brot und Wein sowie in jedem ihrer Teile, vorhanden. So erklärt sich auch die Entscheidung der lateinischen Kirche, den Gläubigen die Kommunion allein durch die Hostie, das ungesäuerte Brot, zu erteilen. Allein dem Priester ist es vorbehalten, die Kommunion auch mit Wein zu feiern. Wenn der Priester die geweihte Hostie und den Wein zu sich nimmt, verbindet er das Sakrament der Umwandlung mit der Feier des Abendmahls, gemeinsam mit dem Volk bekennt er seine Sünden, und allen wird das Angebot der göttlichen Gnade in Aussicht gestellt. Anschließend werden die Hostien an die Gläubigen verteilt. Diesem zentralen Teil der Messe

Das Kreuzzeichen. Mit der linken Hand an der Brust führt der Gläubige die rechte zur Stirn, zur linken Schulter und zur rechten, danach schließen sich die Hände. In der orthodoxen Kirche wird die rechte Hand zur rechten Schulter geführt und dann zur linken.

Spontanes Beten. Die protestantischen Erweckungsbewegungen förderten den Brauch des freien Gebets, also des Gebets, das der Gläubige mit seinen eigenen Worten formuliert. Die Pfingstbewegung hat Momente der Ekstase eingeführt (das «In-Zungen-Sprechen»), die zum Kult gehören.

geht die sogenannte Liturgie des Wortes voraus. Sie besteht aus verschiedenen Gebeten, die der Priester laut und häufig im Wechsel mit den Gläubigen rezitiert. Sie sind der Heiligen Schrift, den Briefen oder den Evangelien entnommen. Nach der Weihe und vor der Kommunion beten der Priester und die Gläubigen zusammen das Vaterunser. Die Reform des II. Vatikanischen Konzils hat eingeführt, daß die Gläubigen untereinander ein «Zeichen des Friedens» in Form einer Umarmung oder Handreichung austauschen. Der Priester schließt in seine Gebete auch die Erinnerung an verstorbene Gläubige und Segenswünsche für den Bischof und den Papst mit ein. Andere Kurzgebete, die in jeder Messe verlesen werden, sind zum Beispiel das Kyrie (Herr, erbarme dich), das Agnus Dei (Lamm Gottes) und das Gloria (Ehre sei Gott). Diese Gebete werden häufig auch im Stil der gregorianischen Hymnen, die auf Papst Gregor I. (590–604) zurückgehen, gesungen. Bei Messen zu besonders feierlichen Anlässen können sie auch von Musikern vorgetragen werden.

Der protestantische Kult entspricht in den Grundzügen der katholischen Messe, zeigt jedoch verschiedene Vereinfachungen und eine wichtige Akzentverschiebung. Im Mittelpunkt des Kultes steht die Predigt: ein langer Sermon, durch den ein Passus der Bibel erläutert und auf reale Lebensumstände angewandt wird. Bei dieser Gelegenheit trägt der Pfarrer, der normalerweise die Kleidung eines Laien trägt, den langen schwarzen Talar, das Symbol der Autorität. Die Predigt wird daher auch als Verkündigung des Wort Gottes bezeichnet. Die Predigt ist jedoch nicht nur den Pfarrern vorbehalten. In allen evangelischen Kirchen existiert auch das Ministerium der Laienpredigt. Neben der Predigt, jedoch nicht jeden Sonntag, gibt es die Feier des Abendmahls als sichtbare Bestätigung des in der Predigt verkündeten Worts. Das Abendmahl wird mit großem Ernst vollzogen, es besteht jedoch kein Zweifel daran, daß der Protestantismus mehr eine «Religion der Kanzel» als eine «Religion der Kommunion» ist. Die einzige Ausnahme bildet hier die anglikanische Kirche, in deren Liturgie sich verschiedene Elemente der christlichen Tradition miteinander vermischen. Innerhalb des protestantischen Kultes kommt dem Gebet große Bedeutung zu. Es wird entweder still oder laut gesprochen, häufig werden auch Psalmen und Hymnen rezitiert.

Kult in einem kanadischen Tempel in den USA.

Unten: Gott Vater und zwei anbetende Engel. Ausschnitt eines Reliefs aus Email aus der Werkstatt Della Robbia (15. Jh.). Florenz, Museo dell' Opera del Duomo.

Das Vaterunser. «Vater unser im Himmel, geheiligt werde dein Name. Dein Reich komme. Dein Wille geschehe, wie im Himmel, so auf Erden. Unser tägliches Brot gib uns heute. Und vergib uns unsere Schuld, wie auch wir vergeben unsern Schuldigern. Und führe uns nicht in Versuchung, sondern erlöse uns von dem Bösen. Denn dein ist das Reich und die Kraft und die Herrlichkeit in Ewigkeit. Amen.» Das wichtigste Gebet des Christentums lehrte Jesus selbst seinen Jüngern, und es ist sowohl von Lukas als auch von Matthäus überliefert. Die Evangelisten überliefern jedoch nicht den letzten Vers «Dein ist das Reich und die Kraft und die Herrlichkeit in Ewigkeit», mit dem das Vaterunser abschließt.

Taufe nach katholischem Ritus. Seit dem II. Vatikanischen Konzil wird das Sakrament einer Gruppe von Kindern erteilt.

Unten: Taufe im Freien im Fluß Vorskla (Ukraine) von russischen Täuflingen der Gemeinschaft von Poltava. Die Mehrheit der protestantischen Kirchen hat die Kindstaufe beibehalten; aber eine wachsende Minderheit praktiziert nur die Erwachsenentaufe.

Die katholische Kirche erkennt sieben Sakramente an, die ein sichtbares und wirksames Zeichen für die Gnade Gottes sind. Die Sakramente üben auf den Gläubigen eine unmittelbar heilsame Wirkung aus, da sie nicht nur wahrnehmbares Zeichen für die göttliche Gnade sind, sondern diese auch vermitteln. Bei der Taufe zum Beispiel wird bei den Worten «Ich taufe dich im Namen des Vaters, des Sohnes und des Heiligen Geistes» der Kopf des Neugeborenen mit Wasser benetzt. Mit dieser konkreten Geste, dem Sakrament der Taufe, wird die Erbsünde aufgehoben, die vom Vater Adam an

jeden seiner Abkömmlinge – mit der einzigen Ausnahme der Jungfrau Maria – weitergegeben wurde. Die Taufe und die Beichte werden auch als «Sakramente der Toten» bezeichnet, weil sie zur Errettung der Sünder festgesetzt wurden, deren Seelen für die Gnade unempfänglich, also tot, sind. Sie annullieren die Todsünde, die der Tod der Seele ist, und erteilen die Gnade, die das Leben darstellt. Die anderen fünf Sakramente werden «Sakramente der Lebenden» genannt, weil sie für die Gerechten festgesetzt wurden, deren lebendige Seelen der Gnade bereits teilhaftig sind, die aber dennoch von der heilsamen Wirkung profitieren können. Deshalb müssen alle Sakramente der Lebenden in einem Zustand der Gnade empfangen werden, das heißt nachdem man sich sowohl mittels der Taufe als auch durch die Beichte oder die Buße gereinigt hat. Drei Sakramente – die Taufe, die Kommunion und die Ordenszugehörigkeit – kann man nur ein einziges Mal empfangen, da sie der Seele ein besonderes, unwiderrufliches Zeichen aufdrücken, das niemand mehr löschen kann. Falls ein bereits erwachsener Sünder die Taufe erhält, kann die Taufe ihn auch von einer gegenwärtigen Sünde reinwaschen. Die Kommunion oder Konfirmation ist eine Bestätigung des Taufversprechens, durch die dem Gläubigen der Heilige Geist verliehen wird und die ihn zu einem Soldaten Christi macht. Das Sakrament der Kommunion oder die «Heilige Salbung» können nur diejenigen erhalten, die die wichtigsten Prinzipien des christlichen Glaubens kennen und sich geistig auf das Ereignis vorbereitet haben. Deshalb ist auch ein Mindestalter von sieben Jahren vorgeschrieben. Die Kommunion wird vom Bischof vollzogen, der zuerst die Hand auf den Kopf des Christen legt und den Heiligen Geist zu ihm ruft. Anschließend salbt er dessen Stirn mit dem heiligen Öl und spricht dabei die Formel: «Ich zeichne dich mit dem Zeichen des Kreuzes» und «Ich firme dich mit dem Öl der Errettung, im Namen des Vaters, des Sohnes und des Heiligen Geistes». Schließlich gibt er dem Gläubigen einen leichten Klaps auf die

Das Ministerium der Taufe. Die Taufe wird normalerweise von dem Priester am Taufbecken vorgenommen, das sich im Baptisterium einer Kirche befindet. In Notfällen kann sie allerdings auch von einem Laien, einer Frau oder einem Mann, Häretiker oder Gläubigem, vollzogen werden, solange der Ritus respektiert und das Wasser mit den Worten für die Taufe auf die Stirn des Täuflings gegossen wird. Wichtig ist, daß dabei ein Bewußtsein dafür besteht, was dieser Akt für die Kirche bedeutet.

Wange und entläßt ihn mit den Worten: «Friede sei mit dir.» Die Salbung geschieht auf der Stirn zum Zeichen dafür, daß man sich seines Glaubens nicht schämen und auch seine Feinde nicht fürchten muß. Der Klaps hingegen soll daran erinnern, daß ein gläubiger Christ jedem Angriff standhalten muß, ohne seinen Glauben zu verraten.
Bei dem Sakrament der Eucharistie werden Meßwein und ungesäuertes Brot vom Priester geweiht, sie wandeln sich im selben Augenblick in den Körper und das Blut Christi. Die Worte dabei sind die gleichen, die Jesus beim Letzten Abendmahl zu seinen Aposteln sprach: «[…] ‹Das ist mein Leib, der für euch hingegeben wird. Tut dies zu meinem Gedächtnis!› Ebenso nahm er nach dem Mahl den Kelch und sagte: ‹Dieser Kelch ist der Neue Bund in meinem Blut, das für euch vergossen wird.›» (Lukas 22, 19–22)
Das Sakrament der Buße oder auch der Versöhnung dient dazu, in der Seele der Gläubigen alle Sünden zu tilgen, die nach der Taufe begangen wurden. Es besteht aus der Beichte (der Sünder beichtet dem Priester seine Verfehlungen), der Buße und Reue und der Absolution. Die Absolution ist die Sentenz, die der Beichtvater als Mysterium Gottes im Namen Jesu Christi ausspricht. Damit werden alle Sünden derjenigen getilgt, die durch Beichte und Buße würdig geworden sind, die Absolution zu erhalten, und die bereit sind, nicht mehr zu sündigen. Die Absolution geht mit der Buße einher. Sie ist eine Strafe, die der Beichtvater dem Beichtenden zur Wiedergutmachung der begangenen Sünden auferlegt.
Die letzte Ölung oder die Ölung der Kranken ist ein Sakrament, das dazu dient, das Leid der Kranken und Sterbenden zu lindern. Das heilige Öl spendet heilende Gnade; tilgt die verzeihlichen und auch die tödlichen Sünden, die der Kranke nicht mehr beichten kann; gibt dem Körper die Gesundheit zurück, falls diese für die seelische Gesundheit notwendig ist; verleiht die Kraft, das Leid geduldig zu ertragen, Versuchungen zu widerstehen und in Frieden zu sterben.
Das Ordenssakrament stiftet die Fähigkeit, das heilige

Das katholische Sakrament des Ordens: Feier zur Weihe von neuen Priestern.

Unten: Ausschnitt aus Die Kommunion, *Pietro Longhi (1702–1785). Venedig, Biblioteca Querini Stampalia.*

Der Körper und das Blut Jesu. Das höchste Sakrament in der katholischen Kirche ist die Eucharistie. Sie enthält nicht nur die Gnade, sondern – gemäß den Worten des heiligen Thomas von Aquin: «Jesus Christus selbst, Urheber der Gnade und der Sakramente, in Körper, Blut, Seele und Göttlichkeit.»

Das Öl der Kommunion. Das heilige Öl besteht aus Olivenöl vermischt mit parfümiertem Balsam, das der Bischof zu diesem Zweck an Gründonnerstag geweiht hat.

Die Institution der Eucharistie. *Ausschnitt eines Gemäldes, Just van Gent (2. Hälfte des 15. Jh.). Urbino, Palazzo Ducale.*

Unten: Die Beichte. Ausschnitt des Triptychon, *Rogier van der Weyden (ca. 1400–1464). Madrid, Museo del Prado.*

Amt für den Kult Gottes und das Heil der Seelen zu vollziehen. Es verleiht der Seele desjenigen, der es empfängt, die Eigenschaft eines Beauftragten Gottes. Außer einigen «kleineren Orden» wird das Ordenssakrament auch Diakonen, Priestern und Bischöfen verliehen.

Die Ehe ist schließlich das Sakrament, das die heilige und unauflösliche Union zwischen einem Mann und einer Frau festsetzt, die eine neue Familie gründen wollen. Es verleiht ihnen die Gnade, sich zu lieben und ihre Kinder im christlichen Glauben zu erziehen.

Die protestantischen Kirchen erkennen nur die Sakramente an, die direkt von Jesus festgesetzt wurden: die Taufe und das heilige Abendmahl. Obwohl die Protestanten die thomistische Doktrin der Transsubstantiation (die auf die aristotelische Philosophie zurückgeht) nicht teilen, gehen sie dennoch davon aus, daß der Herr, vertreten durch den Heiligen Geist, beim Abendmahl anwesend ist. Durch diese rationalistische Interpretation kommt seiner Präsenz jedoch beinahe symbolischer Charakter zu. Für die große Mehrzahl der Protestanten drücken die Taufe und das Abendmahl die Kommunion mit dem gekreuzigten und wiederauferstandenen Christus aus. In den Begriffen des heiligen Augustinus sind sie sichtbare Zeichen einer unsichtbaren Gnade. Doch gerade diese Sichtweise der Sakramente hat innerhalb der protestantischen Welt eine einzigartige Kontroverse hervorgerufen: Die traditionellen Kirchen (Lutheraner, Calvinisten, Methodisten und natürlich die Anglikaner) haben den katholischen und orthodoxen Brauch der Kindstaufe beibehalten. Sie taten dies jedoch nicht, um die Erbsünde zu tilgen, sondern vielmehr weil sie mit der Taufe ein Zeichen der Hoffnung und der Zugehörigkeit setzen wollten. Von Anfang an hat eine beachtliche evangelische Minderheit der Legitimität dieser Praxis heftig widersprochen. Wenn die Taufe ein sicheres Zeichen der Gnade Gottes ist, muß sie jemandem erteilt werden, der an diese Gnade glaubt. Ein Kind ist jedoch noch nicht in der Lage zu glauben das heißt, Christus als Retter und Herrn zu akzeptieren. Nicht zufällig enthält das Neue Testament keinen sicheren Hinweis auf getaufte Kinder. In unserem Jahrhundert hat sich auch der große Theologe Karl Barth dieser Position angenähert. Heute wird die Erwachsenentaufe (das heißt die Taufe der Gläubigen) von den Baptisten, den Adventisten und den Pfingstgläubigen praktiziert, insgesamt also etwa von einem Drittel der protestantischen Welt.

Der Status der Sakramente und die Frage, ob durch sie wirklich die Gnade Gottes vermittelt wird, war innerhalb der christlichen Konfessionen zu allen Zeiten heftig umstritten. Die ursprüngliche Ausführung der Doktrin über die Gnade findet sich im vierten Evangelium und wird im Paulus-Brief an die Römer erklärt. Der heilige Augustinus, einer der größten lateinischen Kirchenväter, bemühte sich darum, diese Passagen zu erläutern. Seine Argumentation stützte sich auf den Gedanken, daß der Mensch nur durch die Gnade Gottes, die ihm ohne jeden Verdienst zuteil wird, errettet werden kann. Ja, er war sogar davon überzeugt, daß es für den Menschen nach der Erbsünde unmög-

Die Prüfung des Gewissens. Der Beichte voraus geht eine genaue und vollständige Prüfung des Gewissens, bei der man sich an alle tödlichen und vergänglichen Sünden erinnert, die zwischen zwei Beichten begangen wurden.

Der Ablaß. Er ist der Erlaß der zeitlichen Strafen, die die katholische Kirche außerhalb des Sakraments der Buße zugesteht. Der Ablaß kann zugunsten der Seelen im Fegefeuer gehen.

lich sei, sich diese Gnade durch Verdienste zu erwerben. Er vertrat vielmehr die radikale These, daß die göttliche Vorsehung die Geschichte regiert und das Schicksal eines jeden Menschen schon bei seiner Geburt vorherbestimmt ist: Entweder wird ihm durch Gottes unerforschlichen Willen die Gnade der Seligkeit (ohne Verdienst) zuteil, oder aber ihm ist die Verdammnis (ohne Schuld) vorherbestimmt. Mit diesem Problem der Prädestination beschäftigte sich später auch Thomas von Aquin (1225–1274), der einen anderen Standpunkt einnahm. Er unterscheidet zwei Arten der Gnade: die heiligmachende Gnade und die ungeschaffene Gnade. Mit Hilfe der ersten kann der Mensch an der Natur Gottes teilhaben, um sie zu verdienen, muß der Christ den Willen haben, Gutes zu tun. Dabei hilft ihm die ungeschaffene Gnade (Gott selbst), die diesen Willen unterstützt und den menschlichen Intellekt erleuchtet. Die Verdienste des einzelnen können so mit den unendlichen Jesu Christi verbunden werden. Diese scholastische Vision wurde vom Konzil von Trient zur offiziellen Doktrin erklärt.

Die Reformatoren – angefangen bei dem Augustiner Luther – neigten eher einer anderen Interpretation zu, die sich enger an der Heiligen Schrift orientierte. Im Zentrum der Theologie Luthers und damit auch der Reformation steht die Lehre von der Rechtfertigung durch den Glauben («Glaube an den Herrn Jesus Christus, und du wirst gerettet»). Weil der Gott der Christen ein gnädiger Gott ist, hat der Mensch, der an ihn und an die Gerechtigkeit seines Urteils glaubt, die Gewißheit, daß er sein Heil finden wird.

Auch Luther bekannte sich zur Lehre der göttlichen Vorsehung und prägte den Begriff vom «unbekannten Willen in Gott». Damit übte er großen Einfluß auf den Franzosen Johannes Calvin aus, der die Wirkung der göttlichen Gnade weit über jede menschliche Willensanstrengung und jedes menschliche Werk stellte.

Die Kraft der augustinischen Vision wird bei Calvin und seinen Anhängern besonders deutlich.

Die östliche und orthodoxe Theologie hat ihrerseits weniger den errettenden als den göttlichen Aspekt der Gnade betont, durch die der Christ der Natur Gottes teilhaftig wird. Im zweiten Petrusbrief (1, 3) heißt es dazu: «Alles, was unser Leben und unsere Frömmigkeit fördert, hat seine göttliche Macht uns geschenkt, denn sie hat uns den erkennen lassen, der uns durch seine Herrlichkeit und Kraft berufen hat.»

Eine orthodoxe Hochzeit. Bei diesem Sakrament sind die Brautleute die Ministerien, der Priester ist lediglich Zeuge.

Die Erteilung der Gnade. Im Prolog zum Johannes-Evangelium (1, 16-17) heißt es über die Gnade: «Aus seiner Fülle haben wir alle empfangen, Gnade über Gnade.»

Paulus führt seine Gedanken zur Gnade in seinem Brief an die Römer wie folgt aus (5,1-2): «Gerecht gemacht aus Glauben, haben wir Frieden mit Gott durch unseren Herrn Jesus Christus.

Durch ihn haben wir auch den Zugang zu der Gnade erhalten, in der wir stehen, und rühmen uns unserer Hoffnung, mit der wir der Herrlichkeit Gottes entgegengehen.»

Der Papst ernennt neue Bischöfe im St.-Peters-Dom. Città del Vaticano.

Unten: Afrikanische Kardinäle.

Die frühe Kirche erkannte unmittelbar in den Aposteln, die ihren Auftrag direkt vom Erlöser erhalten hatten, die geistigen Führer der christlichen Gemeinschaft. Die lokalen Gemeinschaften jedoch wurden von einer Gruppe von älteren und angesehenen Gläubigen geleitet, den «Älteren» (Presbyter). Allmählich bildete sich unter den Älteren der wichtigeren Gemeinschaften ein «Wächter» oder Bischof (griech.: *episkopos*) heraus. Diese Bischöfe übten schließlich auch eine beachtliche Autorität auf die angrenzenden Regionen aus. Vom 4. Jahrhundert an orientierte sich die territoriale Organisation der Kirche entsprechend der des Imperiums. Das Gebiet wurde in Diözesen eingeteilt, denen jeweils ein Bischof (oder ein Ordinarius des Ortes) vorstand. Die Ernennung der Priester ist eine der Aufgaben des Bischofs (der seinerseits ein nach kanonischem Recht berufener Priester sein muß). In ihrer Gesamtheit werden die Bischöfe als Nachfolger der Apostel gesehen (gemäß der Doktrin der «apostolischen Nachfolge»). Der Bischof von Rom wird als der Nachfolger des heiligen Petrus betrachtet und hat das Primat über alle anderen Bischöfe.
1870 wurde vom I. Vatikanischen Konzil die Unfehlbarkeit des Papstes in bezug auf die Doktrin festgelegt.
Die Diözesen werden in Pfarrgemeinden unterteilt, an deren Spitze ein Pfarrer steht. Die Vorschrift vom obligatorischen und weltweiten Zölibat der Priester stammt aus dem 11. Jahrhundert und geht auf die Initiative von Päpsten wie Leo IX. und Gregor VII. zurück. Seit dem Konzil von Trient ist das Zölibat (das von der orthodoxen Kirche nicht anerkannt wird) Gesetz. Das II. Vatikanische Konzil hat es erneut bestätigt, trotz vieler Forderungen nach Veränderung.
In der orthodoxen Kirche tragen die Oberhäupter der autokephalen Kirchen den alten Titel eines Patriarchen. Daneben gibt es in der katholischen Kirche weitere Titel, so zum Beispiel den Ehrentitel Kardinal, der keine sakramentale Bedeutung hat, sondern lediglich ein Ehrentitel ist. Dazu gehört auch der Titel des Erzbischofs, dessen Bedeutung früher mit der der Diözese in Beziehung stand, ebenso wie die Titel des Erzpriesters oder Erzdiakons.

Die protestantischen Kirchen sind dagegen ganz anders aufgebaut. Sie gehen direkt auf zwei grundlegende Prinzipien zurück: die Doktrin des universellen Priestertums und die Autorität der Heiligen Schrift. Alle Gläubigen nehmen am einzigen Priestertum Christi teil, wodurch die Unterteilung zwischen Priestern und Laien hinfällig wird. Der Priester ist lediglich ein Prediger. Er hat die Aufgabe, den Kult anzuleiten, die Sakramente zu erteilen und sich der Seelen anzuneh-

Die Kardinäle. Ursprünglich wurde jeweils ein Priester aus den 25 (bzw. 28) römischen Diözesen, der dem Papst als Ratgeber zur Seite stand, als Kardinal bezeichnet. Im Lauf der Jahrhunderte wurde ihre Anzahl erweitert. 1586 setzte Sixtus V. ihre Zahl mit 70 fest: Sie bilden das Heilige Kollegium, das den Papst wählt, der ausschließlich unter ihnen in der Konklave auserwählt wird. Nach 1968 hat sich durch die Internationalisierung des Kardinalskollegs die Zahl der Kardinäle auf 100 erhöht.

Die Orden. Die oberen Grade der kirchlichen Hierarchie werden als höhere Orden bezeichnet, während die unteren Grade niedere Orden genannt werden. Die gleiche Bezeichnung gilt für Ritter- und Mönchsorden, die hierarchisch aufgebaut sind.

men. Im Mittelpunkt steht jedoch das Ministerium der Predigt. Es gibt zwar eine feierliche Zeremonie der Priesterweihe, die jedoch, mit Ausnahme der anglikanischen Kirche, nicht im Sinne einer Berufung vollzogen wird. Die meisten protestantischen Kirchen haben sich von der Doktrin der apostolischen Nachfolge abgewandt. Dies erklärt auch, daß sie sich leichter damit taten, das Pfarramt auch für Frauen zu öffnen. Es gibt keine Beschränkungen, sondern nur eine mangelnde Gewohnheit. Da im Neuen Testament von einer Vielzahl von Aufgaben die Rede ist, neigen die protestantischen Kirchen dazu, diese Pluralität zu betonen. Vier Gruppen von Ministerien werden auf allen Ebenen anerkannt: die Predigt (durch die Pfarrer), die Lehre (durch die Theologen), die Führung (durch die Älteren), die Verwaltung und Wohltätigkeit (durch die Diakone). Die Versammlung der Gläubigen beruft den Pfarrer, ernennt die Älteren und die Diakone. Im täglichen Leben wird die Kirche von einem Rat geleitet, der aus Pfarrern, Älteren und Diakonen besteht. Jede örtliche Kirche entsendet ihre Abgeordneten (Pfarrer und Laien in gleicher Zahl) zu den regionalen Versammlungen, und diese entsenden ihrerseits ihre Delegierten zu den Synoden (den allgemeinen Versammlungen).

Einige Kirchen calvinistischer Tradition sowie fast alle baptistischen Kirchen basieren auf dem System einer lokalen Kongregation: Nur die jeweilige Gemeinschaft ist die eigentliche Kirche und agiert in voller Autonomie, ohne eine übergeordnete Autorität außer der des Herrn anzuerkennen. Es gibt keine Synode, sondern lediglich Tagungen, zu denen die lokalen Kirchen ihre «Botschafter» entsenden, um Informationen, Kritik und Anregungen untereinander auszutauschen. Dieses Gremium hat jedoch keine Entscheidungsgewalt.
Das extreme Gegenteil stellen die Kirchen der anglikanischen Gemeinschaft und einige lutherische Kirchen dar. Sie haben das episkopale Ministerium beibehalten, ebenso wie die Doktrin der apostolischen Nachfolge (woraus sich die priesterliche Sicht des Hirtenamtes ergibt). Dieses System geht mit einer synodalen Ordnung einher, innerhalb der die wichtigen Entscheidungen getroffen werden. Besonders umstritten war innerhalb der anglikanischen Kirche das Priesteramt von Frauen. Inzwischen jedoch scheint sich das «protestantische Prinzip» durchzusetzen, das mit einer stark ökumenischen Tendenz einhergeht.

Synode der evangelischen Waldenser-Kirche in Torre Pellice. Die Waldenser-Kirche ist aus einer Vereinigung der Waldenser-Kirchen mit den Methodisten-Kirchen in Italien hervorgegangen. Die Synode, die hauptsächlich aus Laien besteht, ist die höchste Autorität dieser Kirche.

Die protestantische Synode. Die Synode (Generalversammlung) ist die wichtigste Organisation der protestantischen Kirchen: Sie besteht normalerweise mehrheitlich aus Laien und aus einer Minderheit von Pastoren. Die Synode nimmt zu Glaubensfragen und zur Moral Stellung, erstellt Handlungsvorgaben für die Kirche und ernennt und kontrolliert die leitenden Funktionsträger. Diese werden meist für eine begrenzte Zeit ernannt, ihr Mandat kann nicht verlängert werden. Dahinter steht der Gedanke, alle Formen der Machtverkrustungen zu verhindern und die wichtigsten Funktionen abwechselnd zu verteilen. Es kann jedoch nicht ganz vermieden werden, daß gebildeten, einflußreichen Gruppen ein großes Gewicht bei den maßgeblichen Entscheidungen zukommt.

Feierliche Seligsprechung auf dem St.-Peters-Platz in Rom, Città del Vaticano.

Unten: Der heilige Paulus. Ausschnitt einer serbischen Ikone, die die beiden Heiligen Petrus und Paulus darstellt. Città del Vaticano, Bibliothek.

Im frühen Christentum gelten alle Gläubigen als Heilige. Sie sind heilig wie der Vater im Himmel, der im Alten Testament einfach als der Heilige bezeichnet wird. Außer daß Gott frei von Sünde und von jeder moralischen Unvollkommenheit ist, bedeutet dies auch, daß Gott ausschließlich sich selbst gehört. Gott ist einmalig und mit keiner anderen Kreatur verwandt, auch nicht mit dem Menschen. Trotzdem ist er auch eine Person, mit freiem Willen, heilig wie sein Name. Da er selbst heilig ist, fordert Gott den Menschen dazu auf, ebenfalls heilig zu sein, indem er seine Gedanken und Werke völlig Gott widmet. Dieser Prozeß der Heiligung ist die Antwort darauf, daß der Mensch von Gott erwählt wurde. Gewählt und folglich dazu ausersehen, heilig zu sein, ist jeder, der von Gott zu seinem Werkzeug berufen wurde. Auch Jesus wählt seine Apostel und ruft sie zur Heiligkeit auf: Von Gott erwählt zu sein wurde von der apostolischen Kirche als Grundlage des christlichen Glaubens begriffen; die Worte «erwählt» oder «heilig» wurden synonym verwendet, um die durch Gottes Willen ausersehenen Christen oder Gläubigen zu bezeichnen. Die Wahl durch Gott bedeutet keinen Ausschluß im Verhältnis zu anderen – den Nichterwählten. Vielmehr verbindet sich mit dem Begriff die Vorstellung des Menschen, der im Dienst des Herren steht, um dessen Plan in der Geschichte zu verwirklichen. Auch Paulus sieht sich also als Erwählter im Hinblick auf seine missionarische Tätigkeit, und auch die Jünger sind erwählt, damit sie das Evangelium in der ganzen Welt verkünden. Das Erwähltsein stellt also einen Dienst für den Kampf im Namen Gottes dar und hat das Ziel, die Erwählten – und mit ihnen auch alle anderen – zur Heiligkeit zu führen. Später erhält der Begriff eine spezifischere Bedeutung und bezeichnet häufig diejenigen, die getrennt von der Gemeinschaft der Gläubigen leben. Er gilt nun vor allem für die Märtyrer, deren Körper während der Christenverfolgungen in den Katakomben verehrt werden. Im volkstümlichen Glauben repräsentieren die Heiligen nun Menschen, die in der Fülle der Gnade Gottes lebten und starben und daher bereits mit ihm vereint sind. Heilig sind also die Apostel, die Propheten und Märtyrer sowie die Heilige Jungfrau Maria; als Heilige gelten auch die, durch deren Name oder Vermittlung Gnade (oder Wunder) erreicht wurden. Diese Heiligen der zweiten und dritten Generation wurden durch eigens errichtete Altäre und Heiligtümer verehrt. Kurz nach Mitte des 3. Jahrhunderts erscheint die *Legenda Aurea* des Jacobus de Voragine, eine Sammlung von heiligen Vitae, die jahrhundertelang eines der meistgelesenen und weitverbreitetsten Bücher des Christentums war. Mit Beginn des 5. Jahr-

Die Gewohnheit des Paulus. Der erste Korintherbrief des Apostels Paulus ist an die Heiligen gerichtet. Diese Anrede ist typisch für die Gläubigen, die dem Dienst Gottes geweiht sind. Typisch ist sie jedoch auch für die Engel und alle Werke Gottes.

Der Heilige Vater. Da sie die Nachfolge des Apostels Petrus antraten, galten auch die ersten Bischöfe Roms als Heilige. Nach und nach wurde der apostolische Sitz für heilig erklärt, als Heiliger Vater galt jeder Papst. In diesem Fall setzt die Bezeichnung «heilig» nicht automatisch einen Seligsprechungsprozeß voraus, auch wenn einige Päpste seliggesprochen wurden.

Auserwählte, Ausschnitt aus dem Gemälde Maestà *von Ambrogio Lorenzetti (1285–ca. 1348). Massa Marittima, Palazzo Comunale.*

Unten: Gesang während einer Feier in einer protestantischen Kirche.

hunderts verbreitete sich der Brauch, die Eucharistie in der Nähe der Grabstätten von berühmten Märtyrern und Heiligen zu feiern, denen nach und nach besondere Schutzfunktionen zugesprochen wurden. Im Buch der Märtyrer las man jeden Tag einige Seiten, hier war jeder Heilige einem bestimmten Tag zugeordnet. Immer zahlreicher wurden die verschiedenen Verzeichnisse der Heiligen. Ein paar Jahrhunderte lang geschah die Kanonisierung einer frommen Gestalt zum Heiligen durch den Willen der Gläubigen. Die einzige Kontrolle darüber übten die Bischöfe aus. Papst Alexander III. begann im 7. Jahrhundert schließlich, eine gewisse Ordnung zu schaffen. Durch Sixtus V. wurde 1588 die Kongregation der Riten aufgestellt, die die Aufgabe hatte, die Ausübung des Kultes zu regeln und die Angelegenheit der Heiligen zu behandeln. Urban VIII. und Benedikt XIV. stellten ein Jahrhundert später die Normen für die Selig- und Heiligsprechung auf und verlangten einen geregelten kanonischen Prozeß, bei dem Leben, Tod und Wunder des Kandidaten überprüft werden mußten. Diese Normen wurden dann von Paul VI. und von Johannes Paul II. reformiert. Die Aufgabe der Kanonisierung wurde den Bischöfen übertragen, die die einzelnen Fälle überprüften, um sie dann der Kongregation zu übergeben, die für die Heiligsprechung zuständig war.
Dieser juristische Prozeß war für die orthodoxen Kirchen nie von Interesse, da sie sich weiterhin auf die Tradition des «unsterblichen Kultes» berufen, während sich die reformierten Kirchen von Anfang an gegen den Kult der Heiligen aussprachen. Das Konzil von Trient hatte schließlich die Legitimität des Heiligenkults bekräftigt. Für Katholiken, Orthodoxe und Anglikaner sind alle Kreaturen heilig, die in der Gnade Gottes leben. Alle Christen sind in der Kommunion der Heiligen miteinander verbunden, von der auch im Credo die Rede ist.
Das Heer der Heiligen wächst bis auf den heutigen Tag. Johannes Paul II. hat sehr viele Heiligsprechungen vollzogen. Der Heiligsprechung muß die Seligsprechung vorausgehen, die oft mit einem lokalen Kult verbunden ist.

Unter den Protestanten. In der protestantischen Welt gibt es nichts, das der Heiligenverehrung vergleichbar wäre. In der protestantischen Kirche gibt es keine Vermittlung außer der durch Christus selbst. Die Bezeichnung «heilig» wird jedoch häufig gebraucht, um geweihte Gläubige zu bezeichnen, die auch bestimmte Missionen ausführen können. Der Begriff «Gemeinschaft der Heiligen», der im Glaubensbekenntnis verwendet wird, gilt gleichermaßen für alle lebenden und toten Gläubigen.

Schule in einer katholischen Mission in Kenia.

Unten: Junge afrikanische Nonnen in Rom.

«Geht hin und predigt allen Menschen»: Dieser uralte evangelische Auftrag hat eine Tätigkeit ausgelöst, die durch die Jahrhunderte hindurch lebendig blieb. Fünf große Wellen der Missionstätigkeit gab es in der Geschichte des Christentums: die Verbreitung des christlichen Glaubens innerhalb des römischen Imperiums während der ersten drei Jahrhunderte; die Eroberung der germanischen Völker durch die katholische Kirche (vom 5. bis zum 10. Jahrhundert); die Eroberung des größten Teils der slawischen Völker durch die orthodoxe Kirche (vom 9. bis zum 10. Jahrhundert); die Eroberung Lateinamerikas und die Schaffung der wichtigen katholischen Stützpunkte in Asien zur Zeit der Gegenreformation (16. bis 17. Jahrhundert); der sowohl katholische als auch protestantische Vormarsch in Afrika und Asien im 19. Jahrhundert. Auch derzeit finden noch Massenbekehrungen in Afrika und manchen asiatischen Ländern (Korea, China etc.) statt. Die orthodoxe Kirche, die durch den türkischen und dann den mongolischen Vormarsch lange Zeit isoliert war, übte eine begrenztere Missionstätigkeit aus. In den letzten drei Jahrhunderten sind trotzdem neue orthodoxe Kirchen in China, Japan und vor allem in Afrika entstanden. Als Missionare (latein.: *mittere*, «senden») werden jene Priester und Laien bezeichnet, die sich bis in weit entfernte Länder vorwagen, um den Samen der frohen Botschaft und das christliche Wort zu verbreiten, und vor keiner Schwierigkeit zurückschrecken. Seit 1622 wird die katholische Missionstätigkeit von der heiligen Glaubenskongregation «De Propaganda Fide» (Für die Verbreitung des Glaubens) in Rom koordiniert. Manche Orden wie die Franziskaner haben sich auf die Missionstätigkeit spezialisiert. Der heilige Franziskus gab selbst ein Beispiel, als er sich in das Heilige Land begab und dem «Sultan» das Evangelium predigte. Die christliche Missionstätigkeit, sowohl die evangelische als auch die katholische, führt normalerweise zu einem gewissen sozialen Fortschritt bei den missionierten Völkern. Dies läßt sich vor allem in den Ländern der Dritten Welt feststellen, wo von Afrika bis Amerika – wenn auch in unterschiedlichem Ausmaß – dringliche Probleme wie Hunger, mangelnde Hygiene und Arbeitslosigkeit vorherrschend sind. Die Missionare sind im allgemeinen für diese sozialen Tätigkeiten, die von der Verkündigung des Evangeliums nicht getrennt werden können, besonders vorbereitet. Die Salesianermönche Don Boscos zum Beispiel, die das Evangelium im Feuerland verbreiteten, verbesserten nicht nur die medizinische Fürsorge, sondern auch die

In China. Zu den großen Missionstätigkeiten in der Geschichte gehört die China-Reise des Jesuiten Matteo Ricci (1552–1610). Ricci schuf eine Verbindung zwischen der westlichen und der chinesischen Kultur und erstellte einen berühmten Atlas.

Ein Jahrhundert der Missionare. Auf den ersten Blick könnte man behaupten, daß im 19. Jahrhundert der Beginn einer Massenbekehrung einsetzte. Dies gilt zumindest für einen Teil Europas, wenn auch nicht für die übrige Welt. Sowohl die katholische als auch die protestantische Kirche haben mächtige missionarische Bewegungen entwickelt, in deren Gefolge in allen asiatischen und afrikanischen Ländern bedeutende christliche Kirchen entstanden sind.

soziale Infrastruktur. Heute hat das stärkere ethnische Bewußtsein der betreffenden Völker, die unter der europäischen Herrschaft zu leiden hatten, die Missionstätigkeit erschwert, da sich die Völker, die vielleicht eigenständig bei den Vereinten Nationen vertreten sind, keiner fremden Kultur mehr unterwerfen wollten. Häufig kommt es daher vor, daß soziale Verbesserungen (die Einrichtung von Krankenhäusern, Schulen, beruflichen Fortbildungsstätten) von Christen und Nichtchristen zwar begrüßt werden, die Evangelisierung jedoch behindert oder sogar vereitelt wird. Trotzdem verlieren die Missionare nicht ihre missionarische Motivation. Die Nonnen der Mutter Teresa von Kalkutta pflegen Lepra-Kranke und andere, ohne danach zu fragen, welcher Religion die Kranken angehören, auch wenn sie ihnen natürlich freudig die Taufe erteilen.

In der protestantischen Welt begann die Missionstätigkeit erst im 18. Jahrhundert und fiel mit der ersten großen religiösen Erweckungsbewegung zusammen. Mit großer Energie wurde dieses Engagement im 19. und 20. Jahrhundert fortgesetzt. Protagonisten der Missionsgesellschaften waren sowohl Pfarrer als auch Laien, die nicht direkt von der Kirche abhingen. Infolge dieses missionarischen Eifers wurden in der afrikanischen Subsahara große evangelische Kirchen gegründet, ebenso in verschiedenen asiatischen Ländern (vor allem in Korea und Indonesien, aber auch in China, Indien und Japan). Die durch die Missionare entstandenen Kirchen sind völlig autonom, eine starke Missionstätigkeit wird heute jedoch vom evangelischen Flügel des Protestantismus betrieben; besonders relevant und verbreitet ist diese Bewegung in Lateinamerika.

Kinder einer Mission in Kenia.

Links: Mutter Teresa von Kalkutta und ihre Nonnen, in der Kirche des heiligen Antonius von Padua, New York.

Die apostolischen Reisen des Papstes. Diese sind für die katholische Welt ein Beispiel der Mission auf höchster Ebene. Die Gewohnheit, apostolische Reisen zu unternehmen, geht auf Papst Johannes XXIII. zurück.

Unten: Papst Johannes Paul II. während eines Besuchs in Polen.

Jesus und die Samariterin am Brunnen. *Wandmalerei des 2. Jahrhunderts. Rom, Gruft der Via Latina.*

Unten: Ausschnitt der Verkündigung *von Simone Martini (1284–1344). Florenz, Uffizien.*

Obwohl die katholische Kirche, nicht anders als die orthodoxe, einen ausgeprägten Marienkult entwickelt hat, waren Frauen niemals zum Priesteramt zugelassen. Das Verbot geht auf die Lehre des heiligen Paulus zurück, dessen Vorstellungen durch das Alte Testament geprägt waren, in dem der Frau innerhalb der patriarchalisch organisierten Familie nur eine untergeordnete Rolle zukommt. Wie später auch im Islam stehen Frauen immer unter männlicher Vormundschaft, zuerst gehorchen sie dem Vater, dann dem Ehemann, dem gegenüber sie zur absoluten Treue verpflichtet waren. Kinderlosigkeit war ein Grund, eine Frau zu verstoßen. Jesus paßte sich nur teilweise den Bräuchen der jüdischen Religion an. Mehrfach rief er Skandale hervor, indem er sich öffentlich mit Frauen abgab, wie mit der Samariterin oder den Schwestern des Lazarus, Marta und Maria. Jesus akzeptierte von Frauen auch öffentliche Verehrung, wie die Fußwaschung zum Beispiel. Frauen werden die ersten Zeuginnen der Auferstehung sein. Sie sind es, die sich im Morgengrauen zur Grabstelle begeben, um dem toten Christus zu Diensten zu sein. Die Doktrin des heiligen Paulus bezeichnet den Mann als das Haupt der Frau, so wie Christus das Haupt der Kirche ist, auch wenn das heilige Band der Ehe die Rechte und ehelichen Pflichten beider auf die gleiche Ebene stellt. Einige Kirchenväter haben den Bereich der Sexualität zu sehr in die Nähe der Sünde gerückt und Frauen als gefährliche Verführerinnen gebranntmarkt. Papst Johannes Paul II. hat mit seiner Enzyklika *Mulieris dignitatem* (die Würde der Frau) versucht, diese Sichtweise zu korrigieren. Auch diese Enzyklika jedoch hält an der grundsätzlich unterschiedlichen Bestimmung von Mann und Frau fest und bestätigt das Gesetz, das Frauen vom Priesteramt ausschließt. In jüngster Zeit wird diese Frage innerhalb der katholischen Welt äußerst kontrovers diskutiert, nicht zuletzt deshalb, weil einige der bekanntesten feministischen Theologinnen katholischen Glaubens sind. Der Protestantismus hat ungewollt einen großen Beitrag zum Prozeß der weiblichen Emanzipation geleistet. Zu Beginn der Reformation trat in Europa eine kulturelle Wende mit unvorhersehbaren Folgen ein. Priester durften heiraten, was dazu führte, daß in den folgenden Jahrhunderten Tausende von jungen Intellektuellen Pfarrer wurden, die von ihren Ehefrauen und einer Familie umgeben waren. Innerhalb des Pfarrhauses und der Kirchgemeinde wurden den Pfarrersfrauen jedoch sehr bald verantwortungsvolle

Maria, Muttergottes. Die Katholiken bitten die Madonna häufig um Gnade, da sie durch ihren Sohn Jesus Christus zur Vermittlerin der Erlösung geworden ist. Ihr sind die lauretanischen Litaneien gewidmet, eine Folge von 150 Ave-Maria, die sich mit dem Vaterunser, dem Gloria und der Sequenz Salve Regina abwechseln; auch das tägliche Gebet des Angelus ist eine Erinnerung an die Verkündigung. Zwei grundlegende Dogmen betreffen ihre Person: das Dogma der unbefleckten Empfängnis (Pius IX., 1854) und das der Himmelfahrt (Pius XII., 1950). Auch die Anhänger der orthodoxen Kirche verehren in Maria die Mutter Gottes, denn als solche gilt sie seit dem Konzil von Ephesos im Jahr 431.

Aufgaben übertragen. Nicht selten stand die Rolle, die sie innerhalb dieses Wirkungskreises übernahmen, in einem krassen Gegensatz zu der noch immer vorherrschenden patriarchalischen Gesellschaftsstruktur. Und von daher waren sie prädestiniert, eben diese Strukturen von innen zu zersetzen. Bereits im 17. und 18. Jahrhundert tauchten, vor allem bei den Baptisten und Quäkern, die ersten Predigerinnen auf. Im 19. Jahrhundert explodiert die Bewegung schließlich: Die Konvention über die Rechte der Frauen, die ein Meilenstein für die Frauenbewegung war (Seneca Falls, 1848), wurde von der Quäker-Predigerin Lucretia Mott ins Leben gerufen. Sie war es auch, die forderte, daß es auch Frauen erlaubt sein müsse, von der Kanzel zu predigen. Wenige Jahre später konnten in der Heilsarmee alle wichtigen Posten auch von Frauen besetzt werden. Im 20. Jahrhundert forderte die immer stärker werdende Frauenbewegung die Gleichheit der Geschlechter innerhalb der Kirche. Zuerst wurde ihnen das passive und aktive Wahlrecht zugestanden, in der Mitte unseres Jahrhunderts auch das Recht auf das Pfarramt. Die Tatsache, daß der Priester dem Laien gleichgestellt ist, hat diese Entwicklung zweifellos begünstigt. In der anglikanischen Kirche, in der die Vision vom priesterlichen Ministerium noch lebendig war, tat man sich mit diesem Schritt schwerer. Dennoch wurde er 1992 auch hier vollzogen. Sowohl für die protestantischen als auch für die anglikanischen Kirchen ist die Weihe von Frauen sicherlich ein sehr bedeutsames Ereignis. Denn dadurch wurde der männliche Autoritarismus, der für die innerkirchliche Hierarchie prägend war, zugunsten einer weniger patriarchalischen Sicht- und Denkweise zurückgedrängt. Vielleicht ist das auch ein Grund dafür, daß Pfarrerinnen in den meisten Gemeinden hoch willkommen sind.

Feierliche Berufung von Priesterinnen in der anglikanischen Kirche, vorgenommen vom Bischof von Bristol.

Maria im Protestantismus. Die Gestalt Marias verlor im Protestantismus drastisch an Bedeutung: Es gibt hier keine Dogmen, die denen der Himmelfahrt oder der Unbefleckten Empfängnis vergleichbar wären. Maria kommt keine größere Bedeutung als anderen biblischen Gestalten zu, die zwar wichtig, aber nicht entscheidend sind. Diese Haltung ergibt sich aus der reformatorischen Theologie, die allein Jesus als Vermittler zwischen Gott und den Menschen anerkennt. Der Glaube an die Jungfrauengeburt ist für sie nicht mehr als eine christologische Behauptung, die durch die Heilige Schrift nicht belegt wird.

Mosaiken mit Szenen des Jüngsten Gerichts (11. Jh.). Venedig, Kathedrale von Torcello.

Unten: Christus im Limbus, *Ausschnitt eines Mosaiks (12. Jh.). Venedig, St.-Markus-Basilika.*

In der theologischen Vision des Christentums hat die Geschichte der Welt und des Menschen eine eindeutige Richtung, und der Lauf der Zeit ist nicht zur Rückkehr oder zu Wiederholungen bestimmt. Sie wird direkt von Gott geführt, der dieses Universum gewollt und in sechs Tagen mit seinem «Atem» aus dem Nichts geschaffen hat, wie es poetisch in der Genesis heißt. Von der Vollkommenheit der Schöpfung fiel der Mensch und mit ihm das Universum ab. Dies

geschah durch den gewaltsamen Einbruch des Bösen, durch einen Willen, der dem des Schöpfers widersprach und der darauf abzielte, dessen Willen zu negieren. Das Drama des Sündenfalls wird im dritten Kapitel der Genesis in einer poetischen Erzählung umschrieben: Der Mann und die Frau lebten im Garten Eden, dem Mittelpunkt des Universums; sie waren zwar höher als alle anderen Lebewesen, standen jedoch unter Gott. Adam und Eva konnten der teuflischen Versuchung, Gott gleich sein zu wollen, nicht widerstehen und wollten wie er über Gut und Böse herrschen. Die Folgen sind tragisch. Die von Gott getrennte Menschheit lebt nun in einem dauernden Zustand des Konflikts, des Schmerzes und des Todes. Dem großen mittelalterlichen Theologen Anselm von Canterbury zufolge mußte Gott seinen einzigen Sohn opfern, um die Menschheit von dieser Strafe zu erlösen; der Sohn Gottes wurde als Werk des Heiligen Geistes durch die Jungfrau Maria geboren, er litt und starb am Kreuz, um die Menschen zu erlösen. Der Mensch, der den Opfer-

Der Limbus. Eine theologische formalistische Schule ging von der Existenz eines Paradieses aus, in das die Seelen der Unschuldigen und Gerechten und der ungetauften Kinder aufgenommen werden.

Die Erlösung nach Origenes. Origenes (185–254), ein christlicher Schriftsteller griechischer Sprache und der erste große systematische Theologe, hatte behauptet, daß der göttliche Plan die endgültige Erlösung der gesamten Schöpfung vorsieht (die auf griechisch *Apocatastasi* heißt) – den gefallenen Engel miteinschließend. Die Hölle und die Strafen der Verdammten werden dann zu Ende sein: Alles wird in den ursprünglichen Zustand der Nähe zu Gott zurückkehren.

tod Christi annimmt, wird der Verdammnis entgehen, der Strafe, die ihn durch die Verfehlung der ersten Menschen ereilt hat. Nach dem ewigen Leben wird der Mensch auf das treffen, was im alten Katechismus als «die letzten Dinge» bezeichnet wird (Tod, Gericht, Hölle, Paradies). Der ganze Mensch, Körper und Seele, geht unweigerlich diesem Schicksal entgegen, welche Bedeutung man auch immer dem Wort «Seele» geben mag: «Atem Gottes», «Geist», «Intellekt», «individuelles Leben» (die hebräische und die griechische Fassung des Neuen Testaments übersetzen den Begriff nicht übereinstimmend, der später eine platonisch-hellenistische Bedeutung annahm). Die Vorstellung, die den Menschen als eine Dualität von unsterblicher Seele und sterblichem Körper auffaßt, geht auf den griechischen Gedanken zurück. In der Bibel betrifft der Tod, als Folge der Sünde, den ganzen Menschen, Körper und Seele. Wenn es ein Weiterleben nach dem Tod gibt, dann nur, weil Gott den Menschen in einem neuen Akt der Schöpfung zu neuem Leben erweckt. Zahlreiche Passagen des Johannes-Evangeliums verdeutlichen das: «Wer an mich glaubt, wird leben, auch wenn er stirbt» (11, 25); «Ich werde ihn am letzten Tag wieder zum Leben erwecken» (6, 44); «Wer an mich glaubt, wird das ewige Leben besitzen» (6, 47).
Es bleibt eine offene Frage, ob die Errettung in der Gegenwart oder erst am Ende der Zeiten stattfindet. Der Gläubige geht der Erlösung entgegen, und über sein Schicksal wird beim Jüngsten Gericht entschieden. Aber das, was mit der Seele vor der Wiederauferstehung geschieht, ist ein Geheimnis, das in Gott verborgen bleibt. Nach dem Konzil von Trient gibt es drei außerirdische Zustände: das Paradies, die Hölle und das Fegefeuer (wo die Seelen der Geretteten leiden, um sich zu läutern, und wo ihnen die Gebete der Lebenden beistehen können).
In der protestantischen Doktrin – ebenso wie in der orthodoxen – fehlt die Vorstellung vom Fegefeuer völlig, die im westlichen Mittelalter entstanden ist. Beibehalten wird jedoch die biblische Doktrin vom Jüngsten Gericht und von der Auferstehung der Toten (die vor allem als Vereinigung mit dem wiederauferstandenen Christus interpretiert wird). In verschiedenen Interpretationen nimmt die Hoffnung auf die Auferstehung Aspekte der platonischen Vorstellung von der Unsterblichkeit an.

Das Paradies. *Fresko von Andrea Orcagna (14. Jh.). Florenz, Santa Maria Novella.*

Unten: Ein Friedhof in Mexiko.

Das Begräbnis. Das Begräbnisritual, normalerweise von einem Priester vollzogen, wird in allen christlichen Kirchen sorgsam ausgeführt. Der Ritus kommt einerseits dem Bedürfnis nach Trost für den Verlust des geliebten Menschen entgegen, andererseits soll er das Vertrauen in die Gewißheit der Auferstehung und das ewige Leben stärken. Häufig ist in das Eingangsportal der Friedhöfe das lateinische *resurrecturis* (Ihr werdet auferstehen) eingemeißelt. Beim Begräbnisritual wird sehr oft der Psalm 130 «Aus tiefer Not» vorgetragen, der mit den Worten beginnt: Aus der Tiefe rief ich, Herr, zu dir (*De profundis clamavi ad te Domine*).

Messe in einer orthodoxen Kirche in Paris.

Unten: Orthodoxe Prozession am Palmsonntag in Jerusalem.

Die Wiege des Christentums stand im Orient, der auch weiterhin den kulturellen Hintergrund für die Ausformung der christlichen Theologie bildet. Hier kam es zu einer Synthese zwischen der religiösen Botschaft und der antiken griechischen Philosophie. Hier entstand auch eine göttliche Liturgie und eine äußere Form des Kults, die beide auf die Zeit der Apostel und die griechischen Kirchenväter wie zum Beispiel Clemens von Alexandrien (150–215) zurückgehen und die schließlich im Verlauf der ersten sieben ökumenischen Konzile Gestalt annehmen. Bereits vor dem Schisma des Jahres 1054, das mit gegenseitigen Exkommunizierungen verbunden war, machten sich, nach der Meinung von Experten, tiefgreifende Unterschiede zwischen dem lateinischen und dem griechischen Christentum breit. Sowohl die griechische als auch die lateinische Tradition beziehen sich auf das Alte und das Neue Testament, ihre theologische Auffassung über die Lehre von Sünde und Erlösung stimmt überein. Der große Unterschied besteht jedoch in der Vorstellung von Kirche. Im lateinischen Christentum war die römisch-katholische Kirche identisch mit ihrem Oberhaupt, dem Nachfolger des Petrus. Für die Anhänger der orthodoxen Kirche ist die Kirche spirituell, vereint in ihrer Universalität (sie predigt allen Christen und führt alle auf den Weg der Errettung), weshalb sie apostolisch ist (und auf die Predigt der Apostel zurückgeht) und katholisch, das heißt universell (von einem griechischen Wort). Historisch verkörpert sie sich in den verschiedenen autokephalen Kirchen, die durch die Predigt in den verschiedenen Ländern entstanden ist, mit Byzanz beziehungsweise Konstantinopel beginnend. Deshalb kommt jenem Patriarchen ein Ehrenprimat zu, das jedoch keine theologische oder juristische Bedeutung hat. Auch ein großer Unterschied in der Liturgie trennt die beiden Traditionen: Im Orient blieb sie stark mit der Tradition und dem Prunk der orientalischen, vor allem der byzantinischen Höfe verbunden, während sie im Westen nach dem II. Vatikanischen Konzil stark vereinfacht wurde und sich schließlich der einfachen Liturgie der reformierten Kirchen annäherte. Die Andersartigkeit der orthodoxen Liturgie wird bei den Feiern des Osterfestes (in der

Die orthodoxen Kirchen. Die Bezeichnung «orthodox» stammt aus dem Griechischen und bedeutet «rechtgläubig». Die orthodoxen Kirchen finden sich mehrheitlich in Zypern, Griechenland, Makedonien, Serbien, Bulgarien, Rumänien, der Ukraine, Rußland, Weißrußland und Georgien, darüber hinaus in weiteren 90 Ländern. Die einzelnen Kirchen bezeichnen sich als autokephal, da jede ihr eigenes nationales Oberhaupt hat. Der «ökumenische Patriarch» von Konstantinopel genießt ein Ehrenprimat. Alle Kirchen folgen derselben Doktrin und praktizieren den byzantinischen Ritus. Etwas anders sind die östlichen Kirchen, die zur monophysitischen Tradition gehören: Sie stellen die Mehrheit in Äthiopien und Armenien dar, eine große Minderheit in Ägypten und in Südindien. Viel weniger ganzen Karwoche, der sogenannten Großen Woche), vor allem aber beim Meßopfer besonders deutlich. Priester und Altar sind hierbei durch die Ikonostase, eine Wand, die mit Ikonen von Christus, Engeln und anderen Heiligen bedeckt ist, von den Gläubigen getrennt. Diese Wand wird nur im Augenblick der Weihe und der Kommunion geschlossen. Die Kommunion wird nicht nur den Priestern, sondern allen Gläubigen in Form von Brot und Wein angeboten. Nach Ansicht eines heutigen orthodoxen Theologen geht der Symbolgehalt der Ikone auf die Erfahrung der orthodoxen Mystik zurück. Die Heiligen, die auf den Ikonen immer von vorne dargestellt sind, gelten als von der Gnade erleuchtete Wesen, die den Betrachtenden aufnehmen und zum Gebet führen, weil sie selbst Gebet sind. Das orthodoxe Gebet stellt eine persönliche Beziehung mit Gott her, die weder über die Gemeinschaft noch durch die Regel vermittelt werden muß. Der ideale Christ ist daher der Mönch, der sich dem reinen Gebet widmet, der nicht bittet und nicht dankt, sondern den Ruhm der Dreifaltigkeit feiert und über die Entstehung der Sünde bei den Menschen und Engeln nachdenkt. Das orthodoxe Glaubensbekenntnis wurde 1351 von dem Metropoliten von Thessaloniki, Gregorius Palamas, veröffentlicht. Es bestätigt die Realität von Vater, Sohn und dem Heiligen Geist, der Zweiheit in der Dreifaltigkeit und der Dreifaltigkeit in der Zweiheit, Ursprung und Grund alles Geschaffenen, die Fleischwerdung des Sohnes, der als Mensch uns in allem ähnlich wurde außer in der Sünde, bestätigt den Tod und die Wiederauferstehung und das Schicksal, mit dem Ruhm zurückzukehren, der jedem entsprechend seiner Werke zukommt. Es fügt hinzu: «Wir verehren außerdem das heilige Bildnis des Sohnes [...] das wertvolle Holz des Kreuzes und alle Symbole seiner Leiden [...] die Tempel und heiligen Orte und die heiligen Gefäße und göttlichen Schriften [...] die Bilder aller Heiligen, aus Liebe zu ihnen und zu Gott [...] Wir nehmen mit Liebe alle niedergeschriebenen und nicht niedergeschriebenen kirchlichen Traditionen an, und alle Feiern und die Kommunion [...] Wir lehnen ab und betrachten als Anathema all die, die nicht beichten und so glauben, daß der Heilige Geist über die Propheten spricht, so wie der Herr sich im Fleisch offenbarte [...] wie die von ihm gesandten Apostel verkündeten, wie es unsere Väter lehrten [...].»

Orthodoxe Zeremonie.

zahlreich sind die Kirchen der nestorianischen Tradition («syrisch-orthodox»), die vor allem im Mittleren Osten verbreitet sind. Die uralten Polemiken gegen die Nestorianer gehen auf das 5. Jahrhundert zurück und haben inzwischen an Bedeutung verloren.

Die mit Rom verbundenen östlichen Kirchen. Diese Kirchen bilden eine kirchliche Gemeinschaft mit der römisch-katholischen Kirche und erkennen das Primat des Papstes an. Dennoch befolgen sie den östlichen Ritus und organisieren ihr kirchliches Leben in vielen Bereichen anders. So haben Priester zum Beispiel das Recht zu heiraten. Diese östlichen Kirchen werden als «vereint» bezeichnet und finden sich vor allem in der Ukraine, Rumänien, der Slowakei, dem Mittleren Osten und in Südindien.

Unten: Jesus und Johannes der Täufer. Ausschnitt eines Freskos in einer Kirche auf dem Berg Athos.

Taufe in der baptistischen Kirche in Rom.

Die lutheranische Kirche ist die wichtigste der protestantischen Kirchen, die sich normalerweise evangelische Kirche nennt. Durch den Beginn des Pietismus (1675) hat die lutheranische Kirche eine tiefgreifende Veränderung erfahren. Diese Bewegung hat den Akzent auf die Spiritualität (*pietas*) gelegt, auf die Missionstätigkeit, auf soziale Werke und auf die Tätigkeit der Laien. Ein Zweig der pietistischen Bewegung ist die Kirche der Brüdergemeinen, die auf der Basis von kleinen Glaubensgemeinschaften aufgebaut ist. Etwa die Hälfte der Gläubigen in Deutschland sind lutherischen Glaubens, ebenso die Mehrheit in den skandinavischen und baltischen Ländern. Große Minderheiten gibt es in Ungarn, in den USA und in Brasilien.
Ganz anders dagegen entwickelte sich die Geschichte der anglikanischen Kirche. Zu Beginn (1534) handelte es sich lediglich um eine unabhängige nationale Kirche, die alle katholischen Traditionen unverändert bewahrt hat. Nach und nach wurde die anglikanische Kirche jedoch von protestantischen Ideen infiltriert. Am Ende gelangte man zu einer Kompromißlösung: Die Theologie der anglikanischen Kirche, die 39 Artikel, ist ebenso wie ihre Ethik von einem moderaten Calvinismus geprägt. Die Liturgie und der Aufbau entsprechen einem gemäßigten Katholizismus. Das episkopale System wurde aufrechterhalten, Priester und Bischöfe können jedoch heiraten. Die anglikanische Kirche zeigte eine starke Missionstätigkeit, aus der die gegenwärtige anglikanische Gemeinschaft entstanden ist, die aus vierzig unabhängigen Nationalkirchen besteht. Dem Erzbischof von Canterbury kommt lediglich ein Ehrenprimat zu.

Luthers Gedanken wurden von den reformierten Kirchen, die gelegentlich nach ihrem berühmtesten Theologen calvinistisch genannt werden, strukturiert und in radikaler Form weitergeführt. In Zürich als Werk von Ulrich Zwingli (1484–1531) entstanden, waren sie eine gewisse Zeitlang vor allem in Frankreich verbreitet. Aber durch die Unterdrückung von Seiten des Staates waren Johannes Calvin und viele andere gezwungen, in der Schweiz Zuflucht zu suchen. Da die Reformatoren in einer modernen Republik lebten und wirkten, entfernten sie sich allmählich vom Traditionalismus Luthers. Sie akzeptierten verzinste Darlehen, die moderne Industrie, die Wissenschaft, mit einem Wort: die Neuzeit. Daher konnten sie die Vorherrschaft in den Niederlanden, Schottland, zeitweise in England (Cromwell) und vor allem in den puritanischen Kolonien von Neuengland gewinnen. In der angelsächsischen Welt organisierte sich die reformierte Kirche in zwei unterschiedlichen Formen: Zum einen gab es die Presbyterianer, die die Führung der Kirche einer Gruppe von Älteren, den Presbytern, anvertrauen; zum anderen die Kongregationalisten, deren lokale Kirchen oder Kongregationen die alleinige Vertretung der universellen Kirche sind.
Aus der Bewegung der Kongregationalisten ist eine weitere protestantische Kirche entstanden: die der Baptisten (heute etwa 80 Millionen Menschen). Sie geht auf eine Gründung englischer Kongregationalisten zurück (1609), die

Die Mormonen. Die Jesus-Christus-Kirche der Heiligen der letzten Tage ist in den Vereinigten Staaten (1830) entstanden: Sie verbindet den Mythos von Amerika als der erwählten Nation mit einer puritanischen Ethik. Nach harten Verfolgungen machten sich die Mormonen nach Westen auf (1846–1847) und gelangten schließlich in den heutigen Staat Utah, wo sie heute die Mehrheit der Bevölkerung bilden. Auf der Welt zählen sie insgesamt neun Millionen getaufte Mitglieder.

Die Heilsarmee. Sie stellt eine Form des «wiedererwachten» Protestantismus (London, 1878) dar. Die Heilsarmee ist militärisch organisiert, ihr steht ein männlicher oder weiblicher «General» vor; sie widmet sich der Evangelisierung und der Armenfürsorge.

Innenansicht der Oude Kirke *in Amsterdam, von Emanuel de Witte (1617–1692). Mauritshuis, Den Haag.*

davon überzeugt waren, daß der Brauch der Kindstaufe durch die Heilige Schrift nicht legitimiert werden könne. So nahmen sie die Idee der Anabaptisten auf, ohne jedoch auch deren radikalen Pazifismus zu akzeptieren. Diese Ideen haben sich in England weit verbreitet und hatten enormen Erfolg in Amerika. Die Mehrzahl der schwarzen Amerikaner (und der Weißen im Süden) sind Anhänger dieser Kirche. Martin Luther King (1929–1968), Held und Märtyrer der Menschenrechte, gehörte der baptistischen Kirche an. Von der anglikanischen Kirche ging die größte religiöse Erneuerungsbewegung aus, die der moderne Protestantismus erlebt hat. Die englische Gesellschaft des 18. Jahrhunderts war von den Folgen der ersten industriellen Revolution gezeichnet. Da verließ eine Gruppe von Pfarrern, die von John Wesley (1703–1791) angeführt wurde, die Kirche, um auf den Plätzen zu predigen. Sie bauten Kapellen und organisierten ein soziales Netzwerk. Die Armen bekehrten sich zu Massen. Wegen ihrer straffen Oragnisation in kleinen Gruppen, denen jeweils ein Laie, der «leader» vorstand, und ihrem Bemühen den Glauben methodisch in die Praxis umzusetzen, nannte man sie Methodisten. Ihre Organisationsstruktur wurde später von der britischen Gewerkschaftsbewegung übernommen, die unter ihren Begründern und Anführern viele methodistische Laienprediger hatte. Der Methodismus hatte in Amerika und dann in den Ländern der Mission einen riesigen Erfolg: Heute gehören der methodistischen Kirche etwa 60 Millionen Menschen an.

Unten: Schwedische Kirche. In Skandinavien ist die lutherische Kirche am weitesten verbreitet.

Die Pfingstgläubigen. Zu Beginn unseres Jahrhunderts (1906) ist in Los Angeles die Bewegung der Pfingstgläubigen entstanden. Ihr Name bezieht sich darauf, daß ihre Anhänger glauben, eine neue Ausströmung des Heiligen Geistes erfahren zu haben, die dem der Apostel an Pfingsten vergleichbar ist: Enthusiasmus, missionarische Kraft, die Fähigkeit, «in unbekannten Sprachen zu sprechen». Die Pfingstgläubigen sind Anhänger der Bibel und praktizieren eine puritanische Moral. Von Los Angeles aus haben sie sich innerhalb von zwei Jahren auf der ganzen Welt verbreitet. Viele Christen bekehren sich zu dieser Bewegung, ohne ihre Ursprungskirche zu verlassen: Sie sind dann «charismatische» Katholiken, Anglikaner oder Lutheraner.

Glossar

Adventist: Mitglied der Adventistengemeinde des Siebten Tages. Merkmal ist die lebendige Erwartung der zweiten Ankunft Christi. Die Adventistenkirche feiert den Tag des Herrn am Samstag (anstatt am Sonntag) und berücksichtigt bestimmte Ernährungsgewohnheiten.

Anglikaner: Mitglied der anglikanischen Glaubensgemeinschaft, die in der ganzen Welt verbreitet ist und deren geistiges Oberhaupt der Erzbischof von Canterbury ist.

Apostel: Person, die den wiederauferstandenen Christus gesehen und von ihm den Auftrag zur Predigt und Lehre erhalten hat. Im übertragenen Sinn bezieht sich diese Bezeichnung auch auf jemanden, der eine große missionarische oder einfach nur eine humanitäre Aufgabe auf sich nimmt.

Baptist: Mitglied einer der zahlreichen Baptistengemeinden. Merkmal ist die Erwachsenentaufe (die eigentlich Taufe der Gläubigen genannt wird) und die Autonomie der lokalen Kirchen (Kongregationalismus).

Byzantinisch: Leitet sich von Byzanz, dem alten Namen von Konstantinopel ab. Gemeint ist damit manchmal die orthodoxe Kirche und vor allem ihre Liturgie.

Charismatisch: Leitet sich vom griechischen Wort «Charisma» (Geschenk der Gnade) ab. Bezeichnet jemanden, der in besonderem Maße mit geistigen Gaben ausgestattet ist. Heute bezieht sich das Wort auch auf die katholische Pfingstbewegung.

Diakon, Diakonissin: Im Neuen Testament wird damit jemand bezeichnet, der mit dem Dienst an der Gemeinschaft (z.B. den Gemeinde-Mensen) beauftragt ist. In der katholischen Kirche ist es einer der minderen Orden. In der evangelischen Kirche ist es eine Person, die eine Art assistierende Funktion ausübt. Die Diakonissinnen leben zölibatär und tragen ein bestimmtes Gewand.

Dogma: (wörtlich: Dekret) Damit sind die Doktrinen gemeint, die von den frühen Konzilen festgesetzt wurden. Sie wurden durch ein kaiserliches Dekret verbreitet. In der modernen katholischen Kirche wurden verschiedene Dogmen vom Papst verkündet.

Engel: Göttliche Botschafter, die normalerweise im Traum erscheinen, um einen Auftrag zu übermitteln oder um die Gläubigen zu trösten.

Eucharistie: (wörtlich: Erteilung der Gnade) Die Feier der Kommunion, bei der der Priester das Opfer Jesu erneuert. Sie ist von zentraler Bedeutung für die katholische Spiritualität.

Evangelikal: Bezeichnet in der angelsächsischen Welt die Protestanten, die sich einer beständigen Meditation über die Heilige Schrift, inbesondere über die Evangelien, widmen.

Evangelisch: (wörtlich: Nachfolger des Evangeliums Christi) Häufig verwendete Bezeichnung für Protestanten, da sie sich der Schrift in der katholischen Tradition widersetzen.

Fundamentalismus: Meint ursprünglich den Glauben jener Protestanten, die sich streng an die grundlegenden Wahrheiten der Bibel halten (Schöpfung, Erbsünde, Sühnetod Jesu, seine Auferstehung, das Jüngste Gericht). Der Begriff wurde dann für die Protestanten verwendet, die die Bibel wörtlich als von Gott eingegeben betrachten.

Häresie: (griech. *airesis*, Entscheidung) Bezeichnet die Bewegungen, die von den großen Konzilen des Urchristentums und später von der Autorität der Kirche verurteilt wurden.

Integralismus: Bezeichnet die Überzeugung, daß man in der Bibel (und in der Sozialdoktrin der Kirche) nicht einfach nur eine Inspiration für das soziale und politische Leben finden kann, sondern ein Programm im eigentlichen Sinn zur Transformation der Gesellschaft und des Staates.

Katholisch: Bedeutet im eigentlichen Sinn universell, wird jedoch normalerweise für die Kirche der Gläubigen gebraucht, die die disziplinäre und doktrinäre Autorität des Papstes, des Bischofs von Rom, anerkennen. Häufig wird auch die Bezeichnung «römisch-katholisch» verwendet.

Klerus: (wörtlich Teil) Bezeichnet die Gesamtheit der Priester und Bischöfe, im Gegensatz zum Volk der Gläubigen (oder Laien), die den heiligen Auftrag erhalten haben und daher autorisiert sind, die Sakramente zu erteilen.

Kongregationalismus: Es handelt sich hierbei um eine Tendenz, die im protestantischen England entstanden ist. Sie stellt die lokalen Kirchen an die erste Stelle und lehnt die Autorität der Synoden ab.

Konzil: Versammlung der Bischöfe, die ursprünglich vom Kaiser einberufen wurde, um wichtige christliche Doktrinen festzulegen. Nach dem Schisma zwischen Katholiken und Orthodoxen wird es normalerweise vom Papst einberufen. Erst im 15. Jahrhundert gab es einen Versuch, das Konzil über den Papst zu stellen.

Kreuzzüge: Im Mittelalter von der Kirche angefachte und geförderte Kriegszüge gegen die Ungläubigen (Muslime), die die Rückeroberung des Heiligen Landes zum Ziel hatten. Bei einer dieser militärischen Expeditionen wurde die orthodoxe Kirche schwer getroffen. Später wurden auch Kreuzzüge organisiert, um häretische Bewegungen (wie die der Katharer oder der Waldenser) zu bekämpfen oder um heidnische Völker (um die Nordsee) zu unterwerfen.

Laizistisch: (griech. *laos*, Volk) Ursprünglich Bezeichnung für Nichtpriester. Im Lauf der Zeit wurde es auch für diejenigen verwendet, die die Autorität der Kirche oder irgendeine Art von Glauben ablehnen (und wurde zum Synonym für antiklerikal).

Liturgie: (wörtlich: Dienst) Bezeichnet den Ritus oder Gottesdienst in allen christlichen Kirchen.

Lutheraner: Anhänger Luthers, heute die größte protestantische Kirche.

Monophysiten: (griech. *monos*, eine, und *physia*, Natur) Bezeichnet die Christen, die glauben, daß die menschliche Natur in Christus von der göttlichen Natur absorbiert wurde.

Orthodox: (wörtlich: vom rechten Glauben) Bezeichnete ursprünglich die kaiserliche Kirche im Gegensatz zu den häretischen Kirchen, die von den großen Konzilen verurteilt wurden. Nach dem Schisma von 1054 wurden damit die östlichen Kirchen bezeichnet, die zwischen Griechenland und Rußland verbreitet waren.

Papst: (wörtlich: Vater) Mit dem Titel wurden in der Frühzeit einige große Patriarchen bezeichnet, gilt heute jedoch vor allem für den Bischof von Rom, den Patriarchen des Westens.

Pastor: So werden vor allem diejenigen bezeichnet, die mit der Ausübung des protestantischen Kultes beauftragt sind. Ihre Aufgabe ist vor allem die Predigt und die Seelsorge.

Patriarch: Meint in den jüdischen Schriften die großen Stammesführer des Volkes Israel. In den ersten Jahrhunderten der christlichen Zeit wurden damit die Bischöfe der wichtigsten Städte bezeichnet: Der Bischof von Rom war daher Patriarch des Westens, der Bischof von Konstantinopel Patriarch eines weiten Teils des Ostens. Heute werden die Oberhäupter der großen orthodoxen Kirchen so genannt.

Patristik: Die Gesamtheit der Schriften und der Doktrinen, die von den christlichen Theologen der ersten fünf Jahrhunderte, den Kirchenvätern, überliefert sind.

Pfingstgläubige: Die Christen, die an die Aktualität der Gaben des Heiligen Geistes (*charisma*) glauben, wie er sich an Pfingsten offenbarte.

Pontifex: Das Oberhaupt des Kultes in den frühen römischen Religionen. Der Bischof von Rom erhielt diesen Titel nach der Christianisierung des Imperiums.

Presbyterianisch: Mit dem Begriff werden in der angelsächsischen Welt die Kirchen calvinistischen Ursprungs bezeichnet.

Protestantisch: Synonym für «evangelisch». Das Wort stammt vom lateinischen *protestare* (feierlich erklären) ab und bezieht sich auf die öffentliche Erklärung, die die Anhänger Martin Luthers vor dem Reichstag abgaben (1529).

Reformiert: Gegenwärtige Bezeichnung für die Kirchen calvinistischer Abstammung.

Sakrament: Sichtbares Zeichen einer unsichtbaren Gnade.

Schisma: Bruch zwischen den christlichen Kirchen. Die wichtigsten Schismen ereigneten sich zwischen der christlichen Kirche des Imperiums und den Monophysiten (451), zwischen der orthodoxen und der katholischen Kirche (1054) und zwischen Katholiken und Protestanten (16. Jahrhundert).

Synode: Beratende Versammlung von Entscheidungsbefugten. Sie ist vor allem für die protestantischen Kirchen wichtig. Sie besteht aus der gleichen Anzahl von Pastoren und Laien (manchmal aus einer größeren Anzahl von Laien).

Wiedererweckung oder Revival: Wird in der angelsächsischen Welt für die Wellen von spiritueller Erneuerung und missionarischem Eifer verwendet, die regelmäßig in den protestantischen Kirchen auftauchen.

Die Christen in der Welt

Der christliche Glaube basiert auf einer tiefen inneren Überzeugung und auf sorgfältig erarbeiteten Dogmen. Es ist daher schwierig zu errechnen, wie viele Menschen auf der Welt nach diesen Überzeugungen leben und diese Dogmen teilen. Das Christentum ist jedoch auch eine Lebensform, die Millionen von Menschen beeinflußt, die den christlichen Glauben zwar nur schwach praktizieren, sich bei einer Befragung jedoch als christlich bezeichnen würden. Wenn man eine Berechnung auf dieser Grundlage erstellt, kommt man auf eine Milliarde und 900 Millionen Christen, die sich wie folgt unterteilen:

Katholiken: über eine Milliarde; Orthodoxe: etwa 250 Millionen; Monophysiten: 50 Millionen; Anglikaner (die sich in den USA Episkopalisten nennen): 80 Millionen; Kirchen, die aus der protestantischen Reform entstanden: 320 Millionen (davon etwa 90 Millionen Lutheraner); Kirchen wie die evangelisch-pfingstgläubige: etwa 200 Millionen.

Die geographische Verteilung der Christen sieht etwa so aus:

Europa: 600 Millionen (davon die Hälfte Katholiken, fast ein Drittel Orthodoxe und ein Fünftel Protestanten und Anglikaner); Nordamerika: 280 Millionen (mehrheitlich Protestanten); Lateinamerika: 450 Millionen (in großer Mehrheit Katholiken); Afrika: 350 Millionen (überwiegend und zu gleichen Teilen katholisch und protestantisch, aber auch Anglikaner, Pfingstgläubige und Monophysiten); Asien: 200 Millionen (die Hälfte davon Katholiken, ein Drittel Protestanten und Pfingstgläubige und der Rest Orthodoxe); Ozeanien: 20 Millionen (mehrheitlich Anglikaner und Protestanten).

Der christliche Kalender

Mit der Christianisierung des römischen Imperiums (4. Jahrhundert v. Chr.) wird die römische Zeitrechnung nach dem Julianischen Kalender auch von der Kirche angenommen. Man beschloß jedoch, die Jahre nicht von der Gründung Roms an zu zählen, sondern von der Geburt Christi an. Diese wurde, aus unbekannten Gründen, auf das Jahr 753 nach der Gründung Roms festgesetzt. Wahrscheinlich handelte es sich um eine Tradition, die sich im Lauf der Zeit durchgesetzt hatte.
Das Jahr, das nach dem Julianischen Kalender 365 Tage (366 in den Schaltjahren) hat, unterscheidet sich jedoch leicht vom effektiven Umlauf der Erde um die Sonne. Im Lauf der Jahrhunderte hatte der Kalender eine Verspätung von etwa zehn Tagen. Unter dem Druck der Gelehrten der Zeit verschob Papst Gregor XIII. den Kalender im Jahr 1582 um zehn Tage nach vorn und setzte fest, daß von den Jahren 1600, 1700 usw. nur diejenigen Schaltjahre sind, deren beide ersten Ziffern durch 4 teilbar sind. Der Gregorianische Kalender wurde sofort von den katholischen Ländern angenommen, setzte sich jedoch erst im 18. Jahrhundert in den protestantischen Ländern und im 20. Jahrhundert in Rußland durch. Mit der weltweiten Vorherrschaft der europäischen Zivilisation hat sich dieser Kalender schließlich überall durchgesetzt. Die Monate sind nicht an die Mondphasen gebunden. Nach den Monden wird lediglich das Datum von Ostern errechnet, was auf eine besondere Entscheidung des Konzils von Nicäa zurückgeht.

Bibliographie

Sant'Agostino, *Opere complete*, Roma (in Bearbeitung seit 1965).

Sant'Agostino, *Le confessioni*, Torino 1965.

Sant'Agostino, *La città di Dio*, Torino 1992.

G. Barbaglio – S. Dianich, *Nuovo dizionario di teologia*, Roma 1979.

G. Bessière, *Jesus erzählt. Eine Erzählung aus dem Neuen Testament*, Stuttgart 1995.

G. Bouchard, *Chiese e movimenti evangelici del nostro tempo*, Torino 1992.

G. Bouchard, *Da Lutero a Martin Luther King*, Torino 1996.

P. Brown, *Die Entstehung des christlichen Europa*, München 1996.

J. Calvin, *Unterricht in der christlichen Religion*, Zürich 1997.

E. Campi, *Protestantesimo nei secoli* – Quellen und Dokumentationen Vol. I., Torino 1991.

E. Campi – M. Rubboli, *Protestantesimo nei secoli* – Quellen und Dokumentationen Vol. II., Torino 1997.

M. D. Chenu, *Thomas von Aquin*, Reinbek 1981.

O. Clément, *L'Eglise ortodoxe*, Paris 1961.

O. Cullmann, *Der Staat im Neuen Testament*, Tübingen 1961.

J. Delumeau, *La Riforma*, Milano 1988.

R. De Pury, *Che cosa è il protestantesimo?*, Torino 1964.

I documenti del Concilio Vaticano II, Roma 1966.

Enciclopedia teologica (Hg. P. Eicher), Brescia 1990.

E. Gilson, *Die Metamorphosen des Gottesreiches*, Paderborn 1960.

K. Heussi – G. Miegge, *Kompendium der Kirchengeschichte*, Tübingen 1991.

G. Kittel, *Grande lessico del Nuovo Testamento*, 15 voll., Brescia 1965–1988.

H. Küng, *Essere cristiani*, Milano 1976.

E. Léonard, *Storia del Protestantesimo*, Milano 1966.

M. Lutero, *Opere scelte*, 7 voll., Torino 1988–1995.

M. Luther, *Oevres*, 17 voll., Ginevra 1957–1975.

H. I. Marrou, *Augustinus*, Reinbek 1984.

A. E. Mc Grath, *Der Weg der christlichen Theologie*, München 1997.

Meyendorff, *L'Eglise ortodoxe*, Paris 1969.

G. Miegge, *Lutero giovane*, Milano 1977.

S. Neill, *L'Anglicanisme*, Parigi 1961.

Ökumene-Lexikon, Frankfurt 1983.

L. von Ranke, *Storia dei Papi*, Firenze 1965.

H.J. Schultz, *Dizionario del pensiero protestante*, Brescia 1970.

Atlas zur Kirchengeschichte (Hg. H. Jedin), Freiburg 1988.

Storia delle religioni. 2. Ebraismo e Cristianesimo (Hg. F. Filoramo), Bari, 1995.

San Tommaso d'Aquino, *Somma contro i gentili*, Torino, 1975.

A.D. Sertillanges, *La filosofia di san Tommaso d'Aquino*, Roma 1957.

Storia vissuta del popolo cristiano (Hg.), Torino 1985.

G. Tourn, *Die Waldenser Kirche*, Erlangen 1980.

E. Trocmé, *Gesù di Nazareth*, Brescia 1975.

J.W.C. Wand, *La Chiesa anglicana*, Milano 1967.

N. Zernov, *Il Cristianesimo orientale*, Milano 1966.

Bildnachweis

o = oben; u = unten;
m = mitte; r = rechts;
l = links.

Umschlag: Bruno Quaresima

Marka: 2 (G. Simeone), 12 (U.P.P.A.), 26u (M. Parmesani), 28 (Photri), 29o (T. Conti), 29u (P. Guerrini), 30o (A. Ballerini), 32 (F. Ottavis), 35 (R. G. Everts), 37o (R. Nowitz), 46 (Fototeca Storica Nazionale di Ando Gilardi), 50o (Fototeca Storica Nazionale di Ando Gilardi), 50u (J. Fuste Raga), 51 (Fototeca Storica Nazionale di Ando Gilardi), 52 (Fototeca Storica Nazionale di Ando Gilardi), 55 (M. Monti), 56u (J. Pickerell), 59o (F.P.G.), 59u (C. Niedenthal), 72 (Globe), 73 (R. Nowitz), 74–75 (G. De Besanez), 76 (P. Fagot), 78 (T. Conti), 79ol (G. De Marco), 79or (F.P.G.), 79u (F. Ponticelli), 81 (M. Vallinotto), 82o (Photri), 82u (Vloo), 83 (T. Martino), 84o (F. Ottavis), 84u (M. Comandini), 85o (P. Guerrini), 85u (S. Olivieri), 86–87 (J. Pickerell), 88 (AF Photographic Library), 89o (J. Baraban), 89u (M. Vallinotto), 90 (S. Ferraris), 91 (P. Guerrini),92o (M. Vallinotto), 92u (Lucchetti), 93o (M. Perelli), 93u (M. Perelli), 94 (P. Guerrini), 95 (J. Pickerell), 96 (A. Ramella), 97 (T. Conti), 102u (G. Tomsich), 103u (Fototeca Storica Nazionale di Ando Gilardi), 105 (J. Pickerell), 107o (Fototeca Storica Nazionale di Ando Gilardi), 107u (C. Dogliani), 108o (C. Niedenthal), 108u (P. Guerrini), 109o (R. Crandall), 109u (R. Chapple), 110l (U.P.P.A.), 111o (J. Pickerell), 111u (C. Dogliani), 113u (Fototeca Storica Nazionale di Ando Gilardi), 116l (A. Korda), 116o (U.P.P.A), 117o (J. Pickerell), 118 (F. Garufi), 119o (C. Pozzoni), 119u (F. Ottavis), 120 (C. Pozzoni), 121o (Stock Market), 122o (G. Sosio), 123o (P. Siccardi),125 (Jurgens), 126o (M. Perelli), 126u (S. Ferraris), 127 (A. Ramella), 128o (M. Perelli), 129u (J. Pickerell), 130o (R. Meucci), 130u (G. De Marco), 131l (Globe), 131o (R. Meucci), 131u (P. Guerrini), 133 (U.P.P.A.), 135u (Photri), 136o (M. Vallinotto), 136u (A.S.A.P.), 137o (F.P.G.), 137u (Photri), 139r (H. Kanus).

Istituto Fotografico Editoriale SCALA: 6, 8–9, 10, 13, 14, 15o, 15u,18, 20, 21, 24, 27, 30u, 31, 33, 34o, 34u, 39o, 40, 41, 42, 44, 47, 48, 49u, 53, 54, 60–61, 62, 63, 64–65, 66, 67, 68–69, 70, 71, 77, 80, 98–99, 100, 101l, 101r, 101u, 103o, 104l, 104r, 106, 110o, 112o, 117u, 121u, 123u, 124o, 124u, 128u, 129o, 132o, 132u, 134o, 134u, 135o, 139l.

RCS Libri: 22, 23u, 37u, 43.

Editrice Claudiana, Torino: 39u, 58, 115u, 122u, 138.